"Toda igreja quer um ministério infantil eficaz, mas falar é mais fácil do que implementar um. Certamente não é para os fracos de coração. Em *Ministério infantil: fundamento e prática*, Deepak Reju e Marty Machowski destilam décadas de experiência em um guia prático para construir uma cultura marcada pela excelência e moldada pela graça do evangelho. Como um novo pastor, sou imensamente grato por este recurso e o entregarei a todos os líderes do ministério infantil em nossa igreja."

Matt Smethurst, editor geral, The Gospel Coalition; pastor de plantação de igreja, River City Baptist Church, Richmond, Virgínia; autor de *Diáconos*

"Em um ambiente pós-cristão, não devemos ser casuais com a evangelização e discipulado da próxima geração. A necessidade é urgente. Garanto que o inimigo não é casual em sua intenção de ferir e destruir nossas crianças. Este livro já está me ajudando a reorientar e reorganizar a forma como amamos e conduzimos as preciosas crianças em nossa igreja a uma fé rica e vibrante em Jesus."

Bob Lepine, pastor de ensino, Redeemer Community Church, Little Rock, Arkansas; apresentador de *Family Life Today*

"O livro *Ministério infantil: fundamento e prática*, de Deepak e Marty, é um grande recurso que serve de fundamento para a construção de um ministério infantil centrado em Cristo. Teologicamente sagaz e sensato, este livro é um grande resumo do que o ministério das crianças deve ser. Aplicar esses princípios ajudará suas crianças a crescer no discipulado cristão em um ambiente seguro. Os apêndices são extremamente úteis no desenvolvimento de uma política de proteção infantil que garantirá que sua igreja esteja preparada para cuidar dos mais vulneráveis em sua congregação: seus filhos."

Jeff Dalrymple, diretor executivo do Evangelical Council for Abuse Prevention

"Deepak e Marty compartilham uma mensagem que ressoa profundamente, e que a igreja precisa ouvir mais do que nunca: as crianças importam e o ministério infantil também. *Ministério infantil: fundamento e prática* é profundo, mas acessível, abrangente, mas sucinto. Do propósito do ministério infantil, aos papéis de liderança, às maneiras de ensinar e proteger as crianças, este livro fornece a ajuda ideal para aqueles que são novos no ministério e é uma atualização valiosa para aqueles que são experientes."

Bernardo Dembowczyk, editor geral de *The Gospel Project*; autor de *Cornerstones: 200 Questions and Answers to Learn Truth* e *Gospel-Centered Kids Ministry*

"Quando eu era pastor de crianças e família, eu me beneficiava muito dos recursos bíblicos de Marty e Deepak, e eu recomendo fortemente *Ministério infantil: fundamento e prática*. Este não é um desses livros pragmáticos, voltados para o entretenimento ou para o crescimento da igreja. É um guia doutrinariamente forte, baseado biblicamente, centrado no evangelho, escrito por dois pastores experientes e que vale bem o seu tempo. Se você está envolvido no ministério infantil, então você precisa comprar este livro. Melhor ainda, compre três cópias e dê uma para sua equipe e uma para o pastor principal. Você ficará feliz por ter feito isso!"

Josh Mulvihill, autor de *50 Things Every Child Needs to Know Before Leaving Home*

"Escrito por dois pastores de família experientes, *Ministério infantil: fundamento e prática* é um retrato perspicaz das bênçãos e desafios do ministério com crianças. Seu livro é envolvente e repleto de conselhos sábios obtidos de situações da vida real. Este livro tão necessário ajudará os líderes do ministério infantil a estabelecer prioridades, cuidar das pessoas no ministério e encontrar orientação prática."

David e Sílvia Michael, Cofundadores da Truth78

"*Ministério infantil: fundamento e prática* tem um fundamento bíblico e inclui conselhos prontos para serem implementados em ministérios e classes. Mas a força deste livro é a convicção de Marty e Deepak de que Deus usa pessoas — pastores, líderes de crianças, membros da igreja e pais — para proclamar sua glória para a próxima geração. É por esse foco que lerei este livro com líderes do ministério infantil por muitos anos."

Jared Caionedy, editor geral de *Gospel-Centered Family*; autor de *The Beginner's Gospel Story Bible* e *Keeping Your Children's Ministry on Mission*

"Que excelente manual para o ministério infantil! *Ministério infantil: fundamento e prática* é prático, espiritual e de fácil leitura. Os autores dão orientações claras para a criação de um ministério que seja eficaz, sensato, seguro e divertido. Este livro será um grande recurso para os novatos no ministério infantil e um grande check-up para os ministros veteranos."

Annette Safstrom, coautora de *Sustainable Children's Ministry*; consultora sênior em Ministry Architects

Deepak Reju Marty Machowski

Ministério Infantil
fundamento e prática

Dados Internacionais de Catalogação na Publicação (CIP)
(eDOC BRASIL, Belo Horizonte/MG)

R381m Reju, Deepak, 1969-.
Ministério infantil: fundamento e prática / Deepak Reju, Marty Machowiski; tradutor João Paulo Aragão da Guia Oliveira. – São José dos Campos, SP: Fiel, 2022.
232 p. : 16 x 23 cm

Título original: Build on Jesus: A Comprehensive Guide to...
ISBN 978-65-5723-220-0

1. Obras da Igreja junto às crianças. 2. Evangelização. 3. Vida cristã. I. Machowiski, Marty, 1963-. II. Oliveira, João Paulo Aragão da Guia. III. Título.

CDD 259.22

Elaborado por Maurício Amormino Júnior – CRB6/2422

Ministério infantil:
fundamento e prática

Traduzido do original em inglês
Build on Jesus: A Comprehensive Guide to Gospel-Based Children's Ministry

Copyright © 2021 por Deepak Reju e Marty Machowski.

♦

Publicado originalmente por
New Growth Press,
Greensboro, NC, 27401, EUA.

Copyright © 2021 Editora Fiel
Primeira edição em português: 2022

Os textos das referências bíblicas foram extraídos da versão Almeida Revista e Atualizada, 2ª ed. (Sociedade Bíblica do Brasil), salvo indicação específica.

Todos os direitos em língua portuguesa reservados por Editora Fiel da Missão Evangélica Literária

PROIBIDA A REPRODUÇÃO DESTE LIVRO POR QUAISQUER MEIOS, SEM A PERMISSÃO ESCRITA DOS EDITORES, SALVO EM BREVES CITAÇÕES, COM INDICAÇÃO DA FONTE.

♦

Diretor Executivo: Tiago J. Santos Filho
Editor-chefe: Vinicius Musselman Pimentel
Editora: Renata do Espírito Santo T. Cavalcanti
Coordenação Editorial: Gisele Lemes
Tradução: João Paulo Aragão da Guia Oliveira
Revisão: Zípora Dias Vieira
Diagramação: Rubner Durais
Capa: Rubner Durais

ISBN brochura: 978-65-5723-220-0
ISBN e-book: 978-65-5723-219-4

FIEL
Editora

Caixa Postal, 1601
CEP 12230-971
São José dos Campos-SP
PABX.: (12) 3919-9999
www.editorafiel.com.br

SUMÁRIO

Introdução: Seu ministério infantil, um Porsche ou uma Kombi velha?.........................9

PARTE 1: As prioridades do ministério infantil..17

Capítulo 1: Ensinar a Bíblia..19

Capítulo 2: Valorizar as crianças..33

Capítulo 3: Concentrar-se na missão...43

PARTE 2: As pessoas no ministério infantil...55

Capítulo 4: Pastores lideram e conduzem......................................57

Capítulo 5: Dirigentes do ministério infantil organizam e executam............69

Capítulo 6: Membros mantêm o ministério infantil...................87

Capítulo 7: Pais constroem uma parceria robusta.........................105

PARTE 3: Os aspectos práticos do ministério infantil............................. 119

Capítulo 8: Manter as crianças seguras (parte 1).........................121

Capítulo 9: Manter as crianças seguras (parte 2).........................135

Capítulo 10: Estabelecer um plano de resposta para emergências............151

Capítulo 11: Administrar a sala de aula...165

Capítulo 12: Buscar excelência criativa...185

Conclusão: Para onde ir agora?..195

Apêndice A: Uma breve palavra para plantadores de igrejas 199

Apêndice B: Guia para escrever e implementar uma política de proteção infantil......209

Apêndice C: Política de doenças transmissíveis [modelo] 221

Apêndice D: Recursos recomendados...........................225

Agradecimentos 229

INTRODUÇÃO

SEU MINISTÉRIO INFANTIL, UM PORSCHE OU UMA KOMBI VELHA?

Imagine um dia ensolarado, em que você está à beira da estrada, ao lado de uma pista de corrida. Um Porsche 911 Carerra 2020 passa voando por você, movendo-se a 300 km/h. Ele é rápido, elegante e construído para a velocidade. Então, cerca de cinquenta e três minutos depois, vem a competição: uma Kombi 1953, arremessando a 30 km/h. Ela vem sacolejando, com muita fumaça saindo do escapamento. Parece que está se arrastando. Seu filho sussurra em seu ouvido: "A Kombi é um clássico!". Mas com a pintura gasta e a lataria amassada, você fica pensando se não estaria melhor em um ferro-velho.

O ministério infantil da sua igreja é um Porsche ou um carro de ferro-velho? Vamos levantar o capô e dar uma olhada no que está por baixo.

COMO É UM DOMINGO TÍPICO?

Você passeia pela ala do ministério infantil da sua igreja no domingo de manhã. Você vê voluntários sorridentes e salas de aula coloridas. Crianças e pais estão para lá e para cá. Tudo parece estar funcionando bem, talvez até como um motor Porsche afinado que ronrona como um gatinho.

Se você olhar debaixo do capô, no entanto, o que encontrará é um motor velho e gasto da década de 1950, que mal funciona. Se você ficasse no lugar

10 | MINISTÉRIO INFANTIL

dos líderes voluntários do ministério infantil (ou de quem supervisiona as crianças em sua igreja), o que veria a partir da perspectiva *deles* é que há muitos problemas.

- Faltam dez minutos para o início do culto. Cecília acabou de enviar uma mensagem: "Estou muito doente. Não conseguirei ir nesta manhã". Onde você encontra um substituto de última hora?
- Os pais estão fora de uma sala com seus filhos, mas nenhum dos voluntários apareceu ainda.
- Uma hora depois, você passa pela classe do jardim de infância. O pequeno grupo de voluntários está sobrecarregado. Há um bilhão de crianças amontoadas na sala de aula (o primeiro problema) e os voluntários claramente não sabem o que estão fazendo (o segundo problema).
- Um professor lhe pergunta: "Quais são as regras do banheiro mesmo? Eu sei que você já me disse isso antes...". Toda semana, alguém lhe pergunta isso.
- Uma mãe em pânico agarra você após o culto. "Eu vi um hematoma na perna de um menino de um ano. Devo chamar o Conselho Tutelar? O que devo fazer?"
- Você está exausto, mas sobreviveu à manhã. Você chega em casa para o almoço e seu tradicional cochilo de domingo à tarde, mas um pai irritado liga. "Meu filho tem um corte no braço. O que aconteceu na aula dele hoje?" Ninguém contou nada sobre isso, então você não sabe o que dizer.

Parece que o ministério está mais parecendo uma Kombi de ferro-velho do que um Porsche novinho em folha, certo? O mundo do ministério infantil, se você já serviu nele, está cheio de dificuldades e frustrações. *Qualquer pessoa que tenha dirigido um ministério infantil pode confirmar isto:*

Seu ministério infantil, um Porsche ou uma Kombi velha? | 11

- Não há voluntários suficientes para manter os programas das crianças em andamento.
- Os voluntários que você tem estão sobrecarregados e à beira do esgotamento.
- Você nunca treinou uma evacuação de emergência e não sabe o que faria se houvesse um incêndio.
- Há pressão da liderança da igreja para acrescentar programas, mas eles estão relutantes em anunciar a necessidade de mais voluntários, não se dispõem a aumentar seu orçamento e não colocam os pés no ministério infantil há anos.
- Há relatos sobre outra igreja onde o líder dos jovens abusou de adolescentes. Você acha que isso não poderia acontecer aqui. Mas verdade seja dita, se acontecesse em sua igreja, você não teria a menor ideia de como lidar com isso.
- Seu currículo está repleto de lições moralistas. Você tem medo de criar pequenos fariseus no programa infantil. Você quer mudar as coisas, mas os professores dizem: "Sempre fizemos assim".
- Um agressor sexual com passagem pela polícia aparece em sua igreja. Você e seu pastor não sabem o que fazer.
- Não há procedimentos claros de entrada ou saída, ou ninguém segue os procedimentos que você implementou.
- Os voluntários lutam para conter uma multidão de crianças rebeldes. Há mais aviões de papel voando ao redor do que versículos da Bíblia.
- Você não participa de um culto de adoração há meses e está ficando exausto. Você adoraria participar regularmente, mas fica constantemente preso no ministério infantil, resolvendo problemas e substituindo as ausências de última hora.
- Se algo der errado (literalmente qualquer coisa), você improvisa. Não há planos ou regras proativas em vigor, ou as regras que você tem foram escritas há uma década e não são mais relevantes.

12 | MINISTÉRIO INFANTIL

Isso não é tudo. Poderíamos preencher mais algumas páginas com os problemas que assolam o ministério infantil em um domingo típico. Se você faz parte do ministério infantil, você pensa: "Sim, já vi tudo isso. Esse não é um cenário novo para mim". Ou, se você é o pastor, você pensa: "Eu sabia que havia problemas, mas eu não imaginava tudo que está errado. É muita coisa". Ou, se você é um pai, você pode pensar: "Meu Deus, eu não fazia ideia".

Vale a pena todo o tempo e esforço investidos no ministério infantil? Você está se perguntando o que fazer quanto a esses problemas. Como podemos gerenciar e superar esses desafios de maneira eficaz?

A OPORTUNIDADE: DESPERTAR UMA GERAÇÃO APAIXONADA

Dez minutos. Dez crianças. Nada para fazer. É só o que basta. O tédio é um dos grandes arqui-inimigos.

Se você deixar uma sala cheia de crianças sem nada para fazer, em pouco tempo elas ficam barulhentas e implicam umas com as outras, fazem aviões de papel e encontram maneiras de se meterem em confusão. A doutrina da depravação é infalível (Rm 3.23). As crianças não precisam provar que são pecadoras. A maioria das crianças, por natureza, se importam mais consigo mesmas do que com Deus. Sua curta capacidade de concentração, sua imaturidade e sua implicância umas com as outras mostram que elas são, por natureza, tolas (Pv 22.15).

Mas com cada desafio vem uma oportunidade. A grande maioria das crianças que circulam por sua igreja não são cristãs. Isso significa que, em geral, em cada aula de escola dominical você tem a chance de fazer mais do que ensinar uma história bíblica sobre Davi derrotando o gigante filisteu (embora ensinar histórias do Antigo Testamento seja bom!). É mais do que apenas cuidar das crianças com segurança para que os pais possam comparecer ao culto sem distração (embora isso seja uma coisa boa a se fazer!). É mais do que cantar canções cristãs e memorizar as Escrituras (coisas melhores ainda!). Tudo isso é pensar muito pequeno. Por que você está aqui? Por que você está trabalhando todos os domingos de manhã por essas crianças? Dito de forma simples, organizamos o ministério infantil, recrutamos voluntários e ensinamos a Bíblia a essas crianças porque *nosso desejo é ver toda uma geração de crentes fiéis despertada para proclamar o evangelho a um mundo que precisa dele.*

Isso mesmo. Tudo isso começa em sua aula com um grupo de crianças confiadas a você todo domingo de manhã. Você está pronto para a tarefa?

Aqui está o que queremos ver. Queremos crianças que crescem e se tornam cristãos que permanecem firmes quando as pressões culturais contradizem a Bíblia; que corajosamente compartilham o evangelho com pessoas perdidas; que se destacam como luz para um mundo escuro, um forte contraste com a vanglória, gula e ganância deste mundo; e que voluntariamente sofrem e até morrem por causa de Cristo.

Em suma, queremos que outra geração carregue a bandeira da verdade do evangelho. Como isso acontece? De onde vem essa nova geração?

Vem do Senhor, é claro. O que queremos — uma nova geração de fidelidade — é o que Deus prometeu. Ele disse a você que sua Palavra não falhará (Is 55.10-11), que seu reino chegou e permanecerá (Mt 4.17; 12.28; Ap 11.15), que ele continuará a atrair pecadores para si (Jo 10.27-29), e — pronto para isto? — que usará você para declarar a obra salvadora de Jesus para a próxima geração que entrar em sua sala de aula.

Fique tranquilo, você não tem que consertar toda essa bagunça sozinho. Seu trabalho é ser fiel em ensinar, liderar e orar pelas crianças, e Deus fará todo o resto.

O OBJETIVO: REUNIR — AGORA E PARA SEMPRE

Você pode dizer: "Eu mal consigo fazer as crianças prestarem atenção, quanto mais cooperar. O que você está pedindo é muito difícil". Bem, ainda não terminamos.

Nosso *objetivo imediato* é ver nossos filhos convertidos, crescendo para serem adultos crentes que se reúnem com o restante da igreja. Você quer que essas crianças conheçam o Senhor e contribuam com a igreja local como pessoas saudáveis, que amam o evangelho e se dispõem a servir. Você não pode salvar essas crianças; somente Deus pode (Jn 2.9). Mas você é um meio para direcioná-las a Cristo e à cruz. Compartilhamos o evangelho e oramos para que o Senhor converta seus corações e as reúna em nossas igrejas.

Nosso *objetivo final* é ver nossos filhos um dia se reunirem com a grande multidão de crentes — os milhares de cada geração fiel — para adorar o Senhor em glória e desfrutá-lo para sempre. Queremos estar ao lado dessas crianças, para cantar, rir, dançar, abraçar e louvar a grandeza de nosso Deus.

Nada menor que essas metas é digno de seu tempo ou atenção.

SEU MAPA PARA A ESTRADA À FRENTE

Aqui está nosso caminho.

A parte 1 cobrirá as *prioridades* de um ministério infantil. Ensinamos a Bíblia, e ela é a base de tudo o que fazemos. Pensamos nas crianças na vida da igreja. Que lugar elas têm? Que papel elas desempenham? Afirmamos a urgência da missão — instruímos sobre a Grande Comissão como um objetivo digno para a vida delas.

A parte 2 tratará das *pessoas*. Queremos uma parceria saudável entre o ministério infantil e os pais, pastores e a congregação. Se engasgarmos como a Kombi de ferro-velho, o dirigente do ministério infantil e alguns voluntários carregarão toneladas de trabalho nas costas de poucas pessoas. Mas, para que esse ministério ousado funcione bem, todas as mãos precisam estar prontas para o trabalho, para que esse navio não afunde mais rápido do que o Titanic.

A parte 3 explicará os *aspectos práticos*. Precisamos de melhores práticas. Como recebemos eficientemente as crianças? Como selecionamos e treinamos nossos voluntários? Como projetamos nossa área de ministério infantil para torná-la segura? Também precisamos de regras robustas para não reagirmos apenas no momento. O que fazemos se um incêndio ocorrer ou um atirador entrar no prédio? Como reagimos a abusos e negligências? Há vários detalhes em qualquer ministério infantil que precisam ser tratados adequadamente para que ele funcione sem problemas.

Se você é um dirigente do ministério infantil — a principal pessoa que dirige o ministério infantil em sua igreja — nós desenvolvemos este livro para você. Você é o nosso público-alvo. Não há manuais para o seu trabalho, então compilamos um para você. Mas também escrevemos com pastores em mente porque eles fornecem liderança ao ministério infantil e aos membros da igreja, especialmente às pessoas que se voluntariam dia após dia para mantê-lo funcionando. Se você é pai ou mãe, ler este livro fornecerá um guia para ajudar a melhorar o ministério infantil da sua igreja. Afinal, você tem um interesse pessoal na saúde do trabalho de sua igreja para a próxima geração.

Deus nos confiou a responsabilidade por essas crianças. Não desejamos nada menos do que o melhor para elas: um programa infantil seguro, bem administrado, criativo e rico no evangelho que evidencia as glórias de Cristo. Se é isso que você quer também, então continue lendo.

PARTE 1

AS PRIORIDADES
DO MINISTÉRIO INFANTIL

Começamos revisando as prioridades do ministério infantil. Todo ministério tem prioridades: os valores, princípios de governo e componentes essenciais que fundamentam nossos objetivos. Definimos e revisamos esses assuntos para ajudar nosso ministério a permanecer focado.

Pare por um minuto e considere quais valores e princípios definem seu ministério. Que tipo de fundamento você está lançando? O que seus valores revelam sobre seu compromisso com o evangelho? Seus princípios orientadores mostram um compromisso com a Bíblia? Os líderes e adultos da sua igreja valorizam as crianças? Como você pode perceber isso? Qual é a missão e como ela é expressa?

Perceba que uma igreja pode ter um programa infantil de sucesso, que todos amam, mas que está aquém das principais prioridades. Queremos ajudar nossas famílias a alcançar o coração de seus filhos. Quando nossos filhos atingirem sua adolescência ou juventude, esperamos que eles venham a conhecer e amar o Senhor pessoalmente, juntar-se ao ministério, tornar-se membros, e unir-se à missão de nossas igrejas. Não queremos que as crenças de nossos adolescentes desmoronem nem queremos vê-los se afastar de sua fé.

18 | MINISTÉRIO INFANTIL

Nosso fundamento é crucial. Queremos que nossos filhos se firmem sobre uma base estável. Estas três prioridades oferecem uma plataforma sólida para qualquer ministério infantil centrado no evangelho:

Ensinar a Bíblia. A autoridade da Bíblia e do evangelho são as pedras angulares sobre as quais construímos todo o nosso ministério infantil. Tudo o que fazemos é moldado e definido por esses dois valores, incluindo o rico currículo do evangelho que ensinamos às nossas crianças.

Valorizar as crianças. Jesus valorizava as crianças, por isso também as amamos e estimamos. Isso nos leva a ensinar a verdade aos pequenos corações e ser exemplo do evangelho em comunidade para eles.

Concentrar-se na missão. Queremos que todas as nossas crianças apoiem a Grande Comissão e alcancem o mundo com o evangelho, seja ensinando na escola dominical por trinta anos em sua igreja local ou indo para o exterior como missionário.

CAPÍTULO 1

ENSINAR A BÍBLIA

Pedro, 30 anos, pai de duas crianças pré-escolares, olha para uma sala com sete crianças de seis anos. Com grande expectativa, ele se ergue em uma cadeira e grita com uma voz forte: "Eu sou o gigante Golias. Quem aqui acredita que é forte o suficiente para lutar comigo?". As crianças são instantaneamente capturadas pela dramatização, e várias levantam as mãos para se voluntariar. A aula segue com Pedro ensinando-as a nunca ter medo dos gigantes em suas vidas. As crianças balançam suas fundas imaginárias com todas as suas forças e deixam suas pedras de mentira voarem. Então eles observam como Pedro cai lentamente em um dramático movimento até o chão e, em seguida, lidera a classe em uma comemoração. "Nós conseguimos! Nós vencemos! Obrigado, Deus!"

As crianças retornam aos seus assentos e pintam Davi e Golias em suas folhas, enquanto Pedro passa de mesa em mesa para ajudar a classe a escrever seus nomes no canto superior direito. A turma ainda está agitada quando os pais voltam para pegar seus filhos. "Então, o que vocês aprenderam hoje?", Jennifer pergunta à sua filha de seis anos, Keila.

A menina grita sua resposta: "Nós vencemos o gigante Golias! Nós vencemos, mamãe, nós vencemos!".

20 | MINISTÉRIO INFANTIL

Pedro acrescenta rapidamente: "Deus nos ajuda a lutar contra os gigantes. Não é, Keila?". Ele garante que Keila se lembre de que Deus está por trás de cada vitória.

Keila assente com a cabeça e pega a mão de sua mãe. Jennifer a leva pelo corredor e sai pela porta dos fundos. Ela está agradecida. "Estou tão feliz por ter começado a vir a esta igreja. Pedro é um grande professor."

Pedro observa enquanto o último dos garotos sai da sala de aula. Ele está feliz em ensinar, mas ele se pergunta o quanto sua lição terá uma influência duradoura sobre as crianças.

O que está certo ou errado no que Pedro fez aqui?

VOCÊ ESTÁ CONSTRUINDO SOBRE UM FUNDAMENTO SÓLIDO?

Ao longo do ano passado, bem atrás de nossa casa, eu (Deepak) assisti aos trabalhadores construírem cinco casas de tijolos de três andares. Nossa família tinha um lugar na primeira fileira para acompanhar tudo. Antes de começarem a construir, eles cavaram e estabeleceram uma fundação sólida.

Antes de respondermos à pergunta sobre o Pedro ("O que está certo ou errado no que Pedro fez aqui?"), vamos definir alguns blocos de construção para o ministério infantil, como a base para um edifício. Tudo que você faz se firma sobre algum tipo de fundação. Quando os tsunamis da vida vêm arrasando, edifícios com fundações defeituosas desmoronarão, como uma casa de brinquedos atingida por uma marreta. Seu edifício fica de pé ou cai com base na qualidade de sua fundação.

Dois fundamentos cruciais estabilizam o ministério infantil: a autoridade da Bíblia e a prioridade do evangelho.

Primeiro fundamento: a autoridade da Bíblia

O primeiro fundamento para o ministério infantil — na verdade, a pedra angular de tudo — é a autoridade da Bíblia. 2 Timóteo 3.16-17 nos lembra: "Toda a Escritura é inspirada por Deus e útil para o ensino, para a repreensão, para a correção, para a educação na justiça, a fim de que o homem de Deus seja perfeito e perfeitamente habilitado para toda boa obra".

A Bíblia não é um livro qualquer. É o livro dos livros. É a norma de todas as normas. É inspirada por Deus. Deus é o autor. O texto foi moldado, definido e escrito por Deus, embora o Senhor tenha usado humanos como meio para escrevê-la. Ele está por trás dos homens que inspirou a escrever. A Bíblia tem autoridade porque Deus — que é a autoridade suprema neste universo — a escreveu. Então, quando a Bíblia fala, Deus fala. Um e outro são iguais.

À luz dessa verdade, podemos extrair duas implicações.

1. *Porque a Bíblia é a própria Palavra de Deus, ela é confiável e verdadeira, inerrante.*

Não precisamos de uma Bíblia de Thomas Jefferson. O fundador dos Estados Unidos usou uma tesoura e cola para juntar as partes da Bíblia que ele gostava. Ele se livrou de todas as partes que não gostava. O resultado foi uma Bíblia que ele mesmo criou. Jefferson não acreditava em milagres (incluindo a ressurreição), então ele literalmente os cortou.

Ao contrário de Jefferson, cremos que cada livro da Bíblia é digno da atenção de nossos filhos, porque todos vêm de Deus. Embora as crianças se atraiam mais por histórias, não podemos evitar usar os Salmos, profetas ou epístolas do Novo Testamento. Não devemos criar nossa própria "Bíblia de Jefferson", cortando as partes sobre pecado e julgamento ou tentando desvendar os milagres de Jesus. Toda a Escritura é útil para o ensino!

2. *Tudo o que fazemos deve ser moldado pela Bíblia, porque ela é a própria Palavra de Deus.*

Essa segunda implicação flui da primeira. Se a Bíblia é escrita por Deus, então devemos seguir o que ela diz. O que Deus valoriza, devemos valorizar. O que Deus odeia, nós odiamos. Suas prioridades devem ser nossas prioridades. Se Deus nos diz para amá-lo acima de tudo, para servir aos outros, para negar a nós mesmos, para fazer sacrifícios, então mostramos que confiamos nele seguindo tudo o que ele ordena.

A verdade das Escrituras deve colorir tudo o que dizemos e fazemos na sala de aula. Quando o fio de lã cru é tingido, os trabalhadores mergulham todo o novelo no tanque de tinta. Um respingo aqui e ali não é suficiente. O objetivo é que a cor permeie cada fibra. É assim que devemos usar a Bíblia em nossa sala de aula. As Escrituras devem moldar o que ensinamos, o que cantamos, os jogos que jogamos e as ilustrações que usamos para apresentar nossas lições. Nossas crianças são a lã que mergulhamos no tanque da verdade da Bíblia para que ela penetre em seu coração e alma.

Você quer que os pensamentos de Deus, as palavras de Deus e o amor de Deus ecoem por todo o seu trabalho.

Não devemos permitir que nossos pontos de vista, opiniões ou filosofia de vida superem o que o texto bíblico diz. A Bíblia deve ser o batimento cardíaco de seu trabalho.

Aplicamos o que a Bíblia diz às nossas vidas e permitimos que ela molde como vivemos. Se você permitir que a Bíblia determine seu ensino e permeie tudo o que você faz, estará construindo uma base sólida para o seu ministério. Parabéns, essa é uma ótima maneira de começar!

Segundo fundamento: o evangelho

A segunda pedra angular é o evangelho. Evangelho significa "boas novas". É a boa notícia de Deus sobre seu único Filho, Jesus Cristo.

Esse evangelho é o tema geral do plano de salvação de Deus; ele perpassa toda a Bíblia. Quando você aprende a reconhecê-lo, pode ver como cada história se conecta ao quadro maior do evangelho. A aplicação do evangelho é o objetivo de cada história. Queremos que nossas crianças conheçam a Deus pessoalmente por meio de seu Filho, Jesus.

Considere as palavras do apóstolo Paulo em 1 Coríntios 2.2: "Porque decidi nada saber entre vós, senão a Jesus Cristo e este crucificado". Ele diz aos coríntios que ele não ensinou com discurso eloquente ou qualquer tipo de sabedoria mundana (v. 1). O foco de seu ministério era proclamar a morte de Jesus em uma cruz no Calvário. De fato, todo o cristianismo pode ser resumido em quatro palavras: Cristo morreu por pecadores.

O plano de resgate de Deus pode ser resumido com apenas quatro palavras: DEUS, HOMEM, CRISTO e RESPOSTA.

Deus. Deus criou homem e mulher e os colocou no Éden, seu paraíso perfeito (Gn 1.26-28; 2.15).

Homem. Adão e Eva pecaram. Eles se rebelaram contra Deus e duvidaram de seu comando (Gn 3). Eles escolheram confiar nas palavras de Satanás em vez de nas de Deus. O pecado é nossa violação da lei de Deus. Toda a humanidade virou as costas para Deus; todos nós declaramos que queremos viver a vida do nosso jeito (Is 53.6).

Cristo. Deus enviou seu único Filho, Jesus, para nos redimir. Ele assumiu o castigo que merecíamos, suportou a ira de Deus, e então ressuscitou ao terceiro dia, quando Deus o declarou vitorioso sobre a própria morte (Mc 10.45; Rm 3.21-26; 6.9).

Resposta. O que é exigido de todos nós (incluindo nossos filhos) é uma resposta a essa verdade (Jo 1.12; At 17.30). Não podemos ignorá-la ou suprimi-la. Devemos decidir se daremos nossa vida a Cristo, como nosso Senhor e Salvador, ou se o rejeitaremos.

Ensinamos o plano de salvação de Deus aos nossos filhos. O desafio é enorme. Se diluirmos o evangelho ou o substituirmos por uma lição moral, privamos nossos filhos do verdadeiro poder de Deus. O apóstolo Paulo disse que o evangelho "é o poder de Deus para a salvação de todo aquele que crê" (Rm 1.16). Nossa salvação está enraizada em crer e confiar na morte substitutiva de Jesus; isto é, que Jesus absorveu a ira de Deus contra nosso pecado na cruz. Tire isso de uma lição bíblica, e você tira o poder de Deus da história e deixa seus filhos vazios. Há muitas pessoas que vão à igreja, tentam seguir os Dez Mandamentos e fazer boas ações, mas que não estão confiando em Cristo para a sua salvação. Elas permanecem perdidas.

É através do evangelho que nossas crianças passam a conhecer a Deus e a encontrar alegria, paz e contentamento que transcendem suas circunstâncias. É assim que nossa esperança viva é transmitida para a próxima geração. Porque somente o evangelho tem o poder de Deus para salvar, ele é a chave para garantir que nossos filhos um dia estarão com Deus no céu e se juntarão a nós em nossa missão de alcançar os perdidos (caso contrário, eles passarão a eternidade no inferno longe do Senhor).

Devemos ensinar o evangelho. Não temos escolha. A eternidade está em jogo.

Vamos agora responder à nossa pergunta original: O que está certo ou errado no que Pedro fez na lição no início deste capítulo? Pedro certamente deu tudo de si em sua imitação de Golias. Claramente, ele se preocupa com as crianças em sua sala de aula. Mas Pedro se esqueceu do evangelho ao recontar a história. Ele pegou a famosa história sobre Davi e Golias e a transformou em azarões derrotando os campeões. O baixinho vence o gigante grande e mau. Devemos enfrentar os "Golias" de nossos dias — o que quer que seja grande e assustador em nossa vida, seja um valentão na escola ou uma doença em casa.

Era esse realmente o objetivo desta história de 1 Samuel 17? Em nossa avaliação, a lição de Pedro não é melhor do que conselhos proverbiais genéricos que você recebe de um biscoito da sorte ou de um treinador do ensino médio no vestiário ("Eu sei que temos um histórico de derrotas, mas podemos vencer os atuais campeões!"). Quando Pedro tirou os olhos de seu roteiro e deu às crianças sua própria interpretação da história, ele a transformou em uma lição moral moderna sobre como vencer as coisas grandes e ruins em sua vida — valentões, doenças ou coisas assim. Ele entendeu errado.

Uma olhada cuidadosa em 1 Samuel 17 mostra qual é o ponto da história: em nossa fraqueza, devemos lutar para preservar a honra do Senhor em todas as coisas.

1. Golias desafia os exércitos do Deus vivo (v. 26-36). Como pecadores, muitas vezes fazemos o mesmo; desafiamos a Deus e seus caminhos.

2. Davi nos mostra como deve ser a fé: como é confiar em Deus, mesmo quando as circunstâncias são sombrias (v. 46-47). A libertação passada de Deus é a base da nossa esperança de que ele continuará a nos preservar (v. 37).

3. A fraqueza de Davi mostra a força de Deus (v. 28-40). Apesar de o irmão mais velho de Davi, Eliabe (v. 28) e Saul desprezarem Davi (v. 33), a confiança de Davi estava no Senhor (v. 37). Saul tentou compensar o tamanho ou força menor de Davi (em comparação com Golias), dando a Davi sua própria armadura (v. 38; 39).

4. Davi não é o herói da história; Deus é. Deus é o grande libertador de Israel. A esperança de Davi está no Senhor, não na sua própria força. Assim, também, é em Deus que devemos colocar nossa esperança. Essa história não é sobre caras pequenos vencendo gigantes grandes e maus. É sobre Deus, que entregará o gigante nas mãos de Davi ("Hoje mesmo, o Senhor te entregará nas minhas mãos, v. 46).

5. Davi prenuncia Jesus. Golias pede um representante para se colocar em lugar de todo o Israel. Nenhum israelita confia em Deus. Eles ficam pelos cantos, com medo de lutar. Eles precisam que Deus providencie um salvador, e Deus provê o jovem Davi. Ao recontar a história, não devemos nos comparar a Davi. Devemos nos comparar com os israelitas pecadores que precisavam de um resgate. Jesus veio, nascido na cidade de Davi, da linhagem real de Davi, como um homem que representaria os pecadores (isto é, todos nós) e venceria a batalha sobre o pecado e a morte (Rm 5.15). Todos que colocam sua esperança e confiança em Jesus compartilham a vitória de Cristo e viverão para sempre no céu com Deus.

Se um de seus professores ensinasse 1 Samuel 17 no próximo domingo no ministério infantil, o que ele diria? Ensinaria uma lição moral ou conectaria a história com a verdade do evangelho? Quais seriam os principais pontos que ele comunicaria sobre esse texto? Aqui está o nosso desafio para você: indicar esse texto a um de seus professores e ver o que acontece. Pode ser instrutivo.

Autoavaliação: Você está construindo sobre um fundamento sólido?

Quais são os fundamentos do seu ministério? O que as pessoas diriam que é mais importante em seu programa? Se você não tem certeza, uma maneira simples de descobrir isso é perguntar ao pastor principal e a alguns pais cujos filhos frequentam o ministério infantil. Você está construindo o ministério infantil sobre esses dois fundamentos sólidos, a Bíblia e o evangelho?

COMO AVALIAR SEU PROGRAMA DE ENSINO

Com dois fundamentos sólidos já estabelecidos em seu edifício, agora podemos escolher um currículo para ajudá-lo a cumprir esses objetivos bíblicos e orientados pelo evangelho. Como líderes do ministério infantil, mostramos nossa verdadeira face pelo que escolhemos para o nosso currículo. Vivemos e morremos pelas nossas escolhas curriculares, porque elas moldam tudo o que os nossos professores apresentam às nossas crianças. É o que nossos professores ensinam e o que nossos filhos consomem. Em qualquer coisa que você escolher, você comunica suas prioridades, esperanças e fardos para o seu ministério infantil.

A maioria das igrejas não tem tempo ou energia para escrever seu próprio currículo. Você compra um material pré-fabricado; um currículo em uma caixa. O que faz um bom currículo? Como você o avalia? Quais referências você usa para escolher um currículo que se encaixa na sua igreja?

Deixe-nos oferecer quatro critérios.

1. Conteúdo: é bíblico e rico do evangelho?

Como você pode esperar, queremos um currículo que esteja enraizado na Bíblia e infundido com o evangelho. Ele deve ensinar o que a Bíblia diz, para que possamos deixar Deus falar com nossos filhos. E deve se referir regularmente ao evangelho porque desejamos que nossos filhos ouçam as boas-novas toda vez que nos reunimos. As crianças recebem o evangelho em todas as lições?

O evangelho fornece nosso conteúdo principal. Isso é o que queremos entremeado em cada lição. Se as lições apenas ensinam uma boa moral ("Seja gentil com os idosos", "Não brigue com seu irmão ou irmã" ou "Os pequenos podem vencer os campeões se trabalharem duro!"), então nossos filhos nunca serão salvos. Nossa escola dominical produzirá pequenos fariseus: pessoas religiosas que conhecem as regras, mas não conhecem Jesus. Será isso que queremos realmente?

2. Adequação ao desenvolvimento: corresponde ao nível de aprendizagem de uma criança?

Eu (Deepak) notei meu filho de seis anos, Abraham, inquieto. Ele se contorceu em seu assento e depois deixou escapar: "Eu não quero ir para a escola dominical". Isso surpreendeu a mim e a minha esposa. Nosso filho nunca relutou em ir à igreja, então ficamos abalados pelo comentário dele. Minha querida esposa se ofereceu para ficar na classe com ele, e ele relutantemente concordou em tentar novamente.

Depois da igreja, perguntei: "Como foi?". A resposta em seu rosto comunicava muito (depois de vinte anos de casamento, você não precisa trocar palavras para saber que algo está errado). Eis o que aconteceu: Havia dois professores, Zacarias e Adeline. Adeline controlava a multidão; ela era responsável por manter as crianças na linha. Zacarias "ensinava". Ele leu a partir de um roteiro, sem entusiasmo em sua voz, usando palavras difíceis como "expiação" e "justificação". Não somos contra ensinar termos teológicos a crianças pequenas, mas muitas palavras difíceis passarão direto pela cabeça das crianças, mais rápido do que um caça F-15. Meu filho não queria voltar porque estava confuso e entediado.

Seu currículo precisa ser adequado ao nível das crianças; ele deve estar alinhado com o que elas podem fazer cognitivamente, emocionalmente e espiritualmente. Pedro pode dizer a uma criança de seis anos: "Jesus expiou seus

28 | MINISTÉRIO INFANTIL

pecados e propiciou a ira de Deus" ou "Jesus morreu por você". O primeiro é teologicamente preciso, mas é demais para uma criança da primeira série.

3. Praticidade: é fácil de usar?

Dava para notar pelo franzido da testa, a careta e os músculos faciais apertados. Patrícia parecia bastante assustada. Ela tinha acabado de pegar uma cópia do currículo da escola dominical e ficou rapidamente sobrecarregada. Havia muitas páginas de instruções e tanto material, que ela não sabia o que fazer. Ela estava desanimada antes mesmo de começar.

O currículo deve ser fácil de usar e nunca te sobrecarregar. Se você já comprou um móvel pela internet, você sabe que em geral eles fazem as instruções tão básicas quanto possível. Caso contrário, pessoas como nós precisam contratar alguém para montar a mobília. Se as instruções e o currículo não forem claros — se forem muito complicados ou confusos — o professor ficará desencorajado. Isso é um problema. Você quer um currículo prático, fácil de usar e entender. Isso ajuda a tornar a preparação do voluntário mais eficiente e agradável, e remove as barreiras para comunicar a verdade de Deus às crianças.

4. Diversão e criatividade: isso mantém as crianças interessadas?

Se colocarmos sete garotos de seis anos em uma sala por uma hora sem brinquedos, sem lições e sem nada para fazer, não temos certeza de que todos sairão vivos até o final. Estamos brincando (mais ou menos). As crianças se metem em confusão quando não têm nada para fazer. A última coisa de que precisamos é mais problemas no ministério infantil.

O currículo deve ser divertido e envolvente para as crianças. Se você jogar a verdade nelas, mas seu único alvo for a mente delas, as crianças terão dificuldades na aula. O puritano John Bunyan falou sobre os diferentes portões do coração — como os portões do olho, ouvido, boca e nariz.[1] Um bom currículo fará uso desses diferentes sentidos e envolverá todos eles.

---

1 Eu (Deepak) ouvi Connie Dever falar isso a respeito de Bunyan muitas vezes em palestras nos treinamentos de nosso ministério infantil.

Eu (Marty) ensinei recentemente a parábola do fariseu e do cobrador de impostos (Lc 18.9-14). Eu queria ajudar as crianças a se conectarem com a grande ideia: *o importante não é como somos por fora, mas como somos por dentro*. Então, eu comprei duas maçãs: uma grande maçã, bonita e importada, e uma pequena maçã comum. A maçã grande era meu fariseu, e a pequena, meu cobrador de impostos. Antes da aula, eu esvaziei a maçã grande pelo fundo e a recheei com ameixas secas. Então usei as duas maçãs como acessórios para contar a história.

Conectei a história do Novo Testamento ao princípio que Deus ensinou a Samuel: "O homem vê o exterior, porém o SENHOR, o coração" (1Sm 16.7). Enquanto eu falava essas palavras, cortei a maçã grande com uma faca, revelando o miolo podre (as ameixas). As crianças reagiram previsivelmente. Em seguida, disse a elas: "O fariseu confiava em suas boas obras, mas por dentro estava cheio de pecado".

Então eu cortei a maçã menor ao meio, revelando a forma de estrela formada pelas sementes que irradiam para fora do centro. Quando mostrei às crianças a estrela lá dentro, eu disse: "O cobrador de impostos sabia que era um pecador e pediu a Deus que o perdoasse. Quando confiamos em Jesus, que morreu na cruz em nosso lugar, Deus tira nosso coração pecaminoso. Em vez de um interior podre, o cobrador de impostos tinha a Estrela da Manhã, Jesus, em seu coração".

As crianças não saíram da sala de aula confusas com a conclusão de Jesus: "Digo-vos que este desceu justificado para sua casa, e não aquele" (Lc 18.14). As crianças sabiam exatamente do que precisavam: Deus deve mudar seu coração apodrecido de pecado e a Estrela da Manhã (Jesus) deve vir e fazer morada nelas. Tenho certeza de que pelo menos algumas se lembraram das palavras de Deus para Samuel, que Deus vê o coração.

Esse é o plano geral para a parábola do fariseu e cobrador de impostos. Mas para ficar bem refinado, envolvente e memorável, você pode adicionar mais: uma música, uma tarefa, uma paródia e até mesmo um lanche — mas faça toda e qualquer atividade refletir algum aspecto dessa verdade. Como

30 | MINISTÉRIO INFANTIL

os lados diferentes de um diamante, vemos esta mesma verdade através de muitas lentes diferentes.

Você pode cantar uma canção sobre como Deus muda nossos corações. Peça às crianças para desenharem as duas maçãs, uma com uma estrela e outra com um interior podre, e até mesmo ofereça maçãs como lanche, para ajudar as crianças a se lembrarem da lição (sempre considere alergias, embora frutas frescas sejam uma das escolhas mais seguras). Você pode fazer duas crianças encenarem as palavras orgulhosas do fariseu em contraste com o humilde cobrador de impostos. Juntos, todos esses componentes divertidos trabalham para ressaltar o evangelho.

A PARTIR DE QUANDO É POSSÍVEL COMEÇAR COM O RICO CURRÍCULO DO EVANGELHO?

Começamos a ensinar conteúdo cheio do evangelho para crianças pequenas — aulas para crianças de dois ou três anos. Os voluntários são muitas vezes surpreendidos por isso. Tivemos professores perguntando: "Estamos realmente fazendo a diferença com crianças que mal conseguem prestar atenção por mais de dois minutos?". Sim, você está fazendo a diferença — de pelo menos quatro maneiras.

1. **A absorção e o processamento de informações de uma criança pequena são maiores do que sua capacidade de interagir verbalmente.** Aos dois anos de idade, uma criança só pode falar de cinquenta a duzentas palavras. Mas há muito mais acontecendo na cabeça da criança do que pode ser expresso por seu vocabulário limitado.

2. **A repetição ajuda a retenção.** Alguma criança já lhe pediu para ler sua história favorita pela vigésima vez? Uma criança pode receber o mesmo material repetidamente, porque gosta dele. Podemos apenas ensinar crianças de dois anos de idade por alguns minutos de cada vez, por causa de sua curta atenção. Mas quando você repete o material, isso ajuda muito a criança a reter e lembrar o que foi repetido.

3. **Crianças são esponjas.** Eles absorvem e aprendem com praticamente tudo ao seu redor. Adultos tendem a subestimar o que crianças pequenas podem perceber.

4. **É importante ensinar as crianças antes de sua capacidade de entender.** Devemos dar-lhes o evangelho antes que elas o entendam completamente. Dessa forma, quando elas forem capazes de entender, já terão o evangelho. Pense nisso em termos de tijolos de construção. Você não pode construir níveis mais altos (de pensamento) sem estabelecer camadas fundamentais. Se estabelecermos uma fundação sólida e estável, podemos construir mais depois.

Essas crianças aprendem mais do que deixam transparecer. Para aquelas que ainda não estão prontas para compreender, vamos apenas compartilhar as boas-novas sobre Jesus assim mesmo. Dessa forma, assim que elas puderem entender, terão um fundamento que as ajudará a conhecer Cristo.

ISSO IMPORTA

É domingo de manhã, às 9h30. Júlio e Susan chegam à igreja com uma aljava cheia de crianças à mão e se dirigem à área do ministério infantil. Júlio faz uma pausa para tomar café no saguão e conversar com alguns outros adultos. Susan segue seus filhos enquanto eles correm para a área infantil. Depois que seus filhos entram, Charlotte, sua filha, vai para sua turma de primeira série.

Aqui está o que queremos que ela encontre:

• Professores calorosos, gentis e graciosos. ("Bom dia, Charlotte. Estou tão feliz por ver você!")

• Um currículo sólido baseado na Bíblia e centrado no evangelho.

• Lições divertidas, envolventes e apropriadas para o desenvolvimento dela.

• Um ambiente acolhedor e convidativo.

O que Pedro ensina na aula da escola dominical é importante. Não banalizamos ou minimizamos o que ele está fazendo. Ajudamos Pedro a dar a lição correta para que Charlotte e as outras crianças possam ouvir o evangelho — a única verdade que pode mudar suas vidas. Por meio do ensinamento de Pedro, o Espírito Santo pode trazer convicção ao coração dessas crianças, movendo-as do domínio das trevas para o reino de Deus. Lições de moral não serão suficientes. Precisamos que elas saiam com mais do que apenas "O cara pequeno vence os campeões!". Precisamos de uma verdade rica do evangelho, saturada da Bíblia, apropriada para o desenvolvimento e criativa, que envolva corações, transforme mentes e mude vidas. Deus seja glorificado.

CAPÍTULO 2

VALORIZAR AS CRIANÇAS

Eu (Deepak) estava visitando uma pequena plantação de igreja em uma cidade vizinha. O pastor principal, Douglas, era um homem piedoso que ensinava fielmente a Palavra de Deus todos os domingos. Ele gentilmente me pediu para substituí-lo enquanto ele tirava um tempo de folga.

Como parte da minha visita, perguntei a Patrícia, a dirigente do ministério infantil, se eu poderia fazer uma visita às suas instalações e aprender sobre o que sua igreja faz com as crianças. É sempre instrutivo para mim, e aprendo algo novo toda vez que faço uma visita como essa.

Enquanto Patrícia me guiava pela seção do ministério infantil, falamos sobre professores, currículo, procedimentos de recepção, normas e uma série de outras coisas. Foi encantador ver sua fidelidade, diligência e compromisso com o que faz.

Houve um problema perceptível, no entanto. Observei várias classes de escola dominical e eles não tinham voluntários suficientes para atender às suas necessidades — um desafio muito comum no ministério infantil. Eu perguntei: "Por que você ou seu pastor não pedem mais voluntários no culto matinal?".

Ela pareceu melindrada por um momento. "Eu raramente me encontro com Douglas. A única vez que perguntei sobre o recrutamento nos cultos de adoração, ele disse: 'Não'. Ele afirmou que eu precisava dar um jeito."

34 | MINISTÉRIO INFANTIL

Não fiquei surpreso. Alguns dos líderes mais piedosos que conheço acreditam que o ministério infantil é uma necessidade a ser suprida, mas não tanto uma responsabilidade dos pastores. Os líderes da igreja querem programas para crianças — acolhimento infantil, escola dominical e culto infantil. Os pastores sabem que se não tiverem nada para as crianças, as famílias não virão. Mas, infelizmente, esses mesmos líderes não querem ser incomodados com os detalhes sobre os programas infantis. Eles veem isso como um ministério a ser delegado. Eles recrutam ou contratam um dirigente de ministério infantil com uma visão para crianças. Em seguida, eles deixam o dirigente do ministério infantil "dar um jeito". Na melhor das hipóteses, ocasionalmente eles entram em contato para ver como as coisas estão indo.

Vamos considerar a versão mais graciosa possível nesta situação: não é que Douglas não valorize as crianças ou que ele não se importe com Patrícia, a dirigente das crianças. O problema é que, como a maioria dos pastores, Douglas é atropelado, sobrecarregado e puxado em todas as direções. Quando um pastor é exigido além de seus limites, o ministério infantil naturalmente vai para o fundo da pilha de prioridades. Portanto, enquanto os programas infantis estiverem seguros e os pais não estiverem reclamando, um pastor sobrecarregado colocará sua atenção em outro lugar.

Isso deixa o dirigente do ministério infantil e os voluntários sozinhos em uma ilha deserta. Eles estão encalhados, sem liderança pastoral, e abandonados para fazerem escolhas críticas por conta própria.

JESUS AMA OS PEQUENINOS

O que Jesus pensa? Nosso Senhor veio para salvar os pecadores; isso inclui adultos, mas e as crianças pequenas? Vamos dar uma olhada em Marcos 10.13-16:

> Então, lhe trouxeram algumas crianças para que as tocasse, mas os discípulos os repreendiam. Jesus, porém, vendo isto, indignou-se e disse-lhes: Deixai vir a mim os pequeninos, não os embaraceis, porque

dos tais é o reino de Deus. Em verdade vos digo: Quem não receber o reino de Deus como uma criança de maneira nenhuma entrará nele. Então, tomando-as nos braços e impondo-lhes as mãos, as abençoava.

As pessoas estavam trazendo crianças a Jesus. Ele era o grande fazedor de milagres, e muitos se perguntavam se ele poderia ser o tão esperado Messias.

Os discípulos repreenderam as pessoas que trouxeram crianças a Jesus. As crianças eram as pessoas mais inferiores naquela sociedade; não eram valorizadas e consideradas. Os discípulos sabiam que seu mestre tinha assuntos muito mais importantes a tratar. Por que incomodá-lo com essas criancinhas?

Mas o texto diz que Jesus ficou indignado e descontente com seus discípulos. Ele não queria que as crianças fossem mandadas embora. Cristo as acolheu. Ele as amava, e fez um convite caloroso: "Deixai vir a mim os pequeninos, não os embaraceis".

E aqui está sua razão: "Porque dos tais é o reino de Deus". O reino de Deus não era um reino *físico*. Era o reinado vindouro de Cristo, onde ele era o Senhor, e como tal, qualquer um que confiasse em Cristo tornava-se parte de seu reino. Mas como as crianças se tornam parte do reino espiritual de Cristo? Elas "recebem" o reino — isto é, recebem, acolhem e amam Jesus, seu Rei. O evangelho é simples o suficiente para que até mesmo uma criança possa entender e se comprometer com ele. Deus pode redimir qualquer um, incluindo a menor das crianças.

Jesus alerta no versículo 15: "Em verdade vos digo: Quem não receber o reino de Deus como uma criança de maneira nenhuma entrará nele". Assim como uma criança pode receber Jesus e chegar até ele, também devemos seguir o exemplo de uma criança. Devemos receber Jesus como Rei; ou, então, não entraremos em seu reino.

VALORIZAR E ACOLHER CRIANÇAS PEQUENAS É ESSENCIAL

Cristina tinha dado à luz a sua primeira filha, Rose. Bento, o pai, estava radiante com sua filha recém-nascida. Quando chegaram ao apartamento pela

36 | MINISTÉRIO INFANTIL

primeira vez, Bento caminhou com Rose por todos os cômodos, apresentando-a a cada parte da casa. "Este é o quarto da mamãe e do papai... E esta é a cozinha, onde mamãe e eu faremos suas refeições... E este é o seu quarto, onde você dormirá..."

Era uma bela visão: um pai apaixonado por sua filha. Você pode pensar: *ela é apenas um bebê. Ela não entende o que ele está dizendo. Isso é bobagem.* Nós diríamos que não; na verdade, não é uma bobagem. A bebê Rose é feita à imagem e semelhança de Deus (Gn 1.26-28). Ela, mesmo enquanto bebê, reflete a beleza de seu Criador. Como tal, ela merece bondade, dignidade e respeito.

As crianças são valiosas para Deus. As Escrituras nos ensinam que as crianças devem ser desejadas e celebradas (Gn 33.5b; Sl 127.3). Assim, devemos estimá-las e valorizá-las, assim como o jovem pai acima construiu uma atmosfera de amor e boas-vindas para sua filha.

Eu (Marty) me lembro de falar com um plantador de igrejas que fechou um acordo para se reunir em um grande edifício de uma igreja de pedra. A congregação original da igreja havia diminuído para algumas dezenas de pessoas, todas na faixa etária dos 70 e 80 anos. Essa igreja local estava morrendo. Por quê? Porque perderam a próxima geração. Felizmente, a congregação mais velha reconheceu seu problema e acolheu a igreja que estava sendo plantada para assumir suas instalações. Esses irmãos mais velhos se juntaram alegremente à plantação da igreja e, quase instantaneamente, um clima de vida de igreja vibrante foi restaurado neles.

Precisamos manter a próxima geração como sendo central para a missão contínua da igreja.

Em meio à destruição das sete pragas anteriores e com a ameaça de outra, o Faraó cedeu e ofereceu a permissão para que Moisés deixasse o Egito com os homens, desde que deixasse as crianças para trás (Êx 10.7-11). O Faraó entendia a importância das crianças. Mas Moisés também entendia, por isso se recusou a deixar os pequenos para trás. "Havemos de ir com nossos filhos e nossas filhas", ele insistiu. Quando Faraó recusou, Moisés estendeu a mão e trouxe uma praga de gafanhotos sobre o Egito, como nunca tinha sido visto antes.

Devemos edificar nossas igrejas com a mesma visão sobre a importância da próxima geração, assim como Moisés. Quão vitais eram essas crianças para o futuro de Israel? Essa geração de crianças israelitas entrou na terra prometida, enquanto seus pais incrédulos e questionadores foram impedidos por Deus de entrar.

ONDE NOSSAS CRIANÇAS SE ENCAIXAM NA IGREJA LOCAL?

As Escrituras descrevem a igreja local como uma família espiritual (Jo 1.12-13; Rm 8.14-17; Gl 3.26; Ef 1.5). Deus é nosso Pai, e ele nos adota em sua família. De fato, nos referimos aos membros da igreja como irmãos e irmãs, pais e mães, para refletir essa realidade espiritual. Reunimo-nos aos domingos, adorando juntos e estabelecendo um senso de comunidade uns com os outros.

Desde o início, integramos as crianças na vida familiar da nossa igreja. Buscamos alcançar isso por meio de dois grandes objetivos: (1) ensinar a verdade aos coraçõezinhos e (2) servir de exemplo como comunidade do evangelho. Ambos os objetivos ajudam nossos filhos a se tornarem parte vital de uma igreja local. Estendemos as coisas que fazemos por nossos filhos biológicos a todas as crianças dentro da comunidade de nossa igreja local.

Ensinar a verdade aos coraçõezinhos

No Salmo 78, o Senhor fala: "Escutai, povo meu, a minha lei; prestai ouvidos às palavras da minha boca" (v. 1). Deus convida seu povo a ouvir seus ensinamentos e a se juntar a ele para alcançar a próxima geração. Imaginem todo o Israel cantando: não o encobriremos a seus filhos; contaremos à vindoura geração os louvores do Senhor, e o seu poder, e as maravilhas que fez" (v. 4). Não devemos nos apossar da verdade apenas para nós mesmos; antes, devemos compartilhá-la com a próxima geração.

O "nós" no versículo 4 não são apenas pais. Embora os pais tenham a responsabilidade primária de instruir seus filhos, isso não recai exclusivamente sobre seus ombros. Este salmo se dirige a *todos* os crentes. Contar as obras gloriosas do Senhor é um projeto comunitário, algo que todos nós somos

38 | MINISTÉRIO INFANTIL

chamados a fazer. Assim, os membros da igreja têm a responsabilidade de contar a verdade às suas crianças.

Caio era voluntário como monitor de corredor no domingo pela manhã. Ele notou que um menino, Timóteo, estava chateado ao voltar do banheiro para a sala de aula. Caio conversou com Timóteo, confortou-o e, o mais importante, lembrou essa pequena criança da verdade. Naquele momento, Caio era mais do que apenas um monitor de corredor. Ele era alguém que dizia a verdade, ao confortar e comunicar o evangelho a esse garotinho.

É assim que a igreja deve funcionar — não apenas os pais, mas todos os adultos que entram pelas portas da igreja, todos os adultos que falam com uma criança depois da igreja, todos os voluntários que cuidam das crianças, todos os professores da escola dominical, todos os monitores do corredor — cada um tem a oportunidade de comunicar as glórias de nosso grande Deus a essas crianças. Você não precisa estar em um papel mais formal, como um pregador ou um professor de escola dominical, para ser um transmissor da verdade para as crianças da igreja.

A esperança, e oração, é que uma geração fale do Senhor para a próxima geração, e essa geração fale para a próxima, e essa geração fale para a próxima, e assim por diante,

> para que pusessem em Deus a sua confiança
> e não se esquecessem dos feitos de Deus,
> mas lhe observassem os mandamentos;
> e que não fossem, como seus pais, geração obstinada e rebelde,
> geração de coração inconstante,
> e cujo espírito não foi fiel a Deus. (Sl 78.7-8)

Não queremos que Deus seja esquecido. Não queremos acabar como um grupo de setentões cujos filhos se perderam. Devemos permanecer com a mesma tenacidade que Moisés demonstrou a Faraó e declarar: "Não iremos sem nossos filhos!". Como Asafe no Salmo 78, ensinamos as crianças e servimos de exemplo com nossa fé diante delas porque queremos que elas depositem sua esperança em Deus — que é a maior e melhor esperança que elas poderiam ter. Também esperamos evitar que nossos filhos sejam como a geração teimosa e rebelde que rejeitou Deus.

Autoavaliação: Ensinar a verdade aos coraçõezinhos

Como está seu ministério de ensino? Os professores da escola dominical e os voluntários do ministério infantil estão comunicando fielmente a verdade da Palavra de Deus? Ou eles apenas compartilham suas próprias opiniões pessoais e pensamentos gerais sobre a vida? E quanto aos cuidadores das crianças, monitores e outras funções em seu ministério — eles também trabalham para ensinar a verdade às crianças? Eles aproveitam as oportunidades inesperadas que Deus oferece? Seus voluntários estão comprometidos em amar as crianças e viver juntos como uma família da igreja? A responsabilidade de ensinar a próxima geração recai sobre apenas algumas pessoas, ou muitos membros da igreja enxergam o ensino infantil como prioridade?

Servir de exemplo de comunidade do evangelho

Todos os pais precisam de aliados, pois criar filhos é um trabalho difícil. É alegre e gratificante, mas também é desafiador. As famílias precisam de mais do que apenas os pais participando da vida de seus filhos.

É aí que a criação de filhos em uma comunidade faz uma diferença imensa. O fardo não deve cair apenas sobre os ombros dos pais. O apóstolo Paulo frequentemente fala sobre ser exemplo do evangelho vivendo em comunidade. Ele encorajou os irmãos crentes: "Sede meus imitadores, como também eu sou de Cristo" (1Co 11.1) e "irmãos, sede imitadores meus e observai os que andam segundo o modelo que tendes em nós" (Fp 3.17). Assim como Paulo, os crentes são chamados a ser exemplos uns para os outros e para as crianças em nossa igreja. As crianças estão observando os adultos ao seu redor. Quando nossos filhos veem outros crentes ensinando a mesma verdade e demonstrando as mesmas práticas, isso afirma as crenças centrais ensinadas

40 | MINISTÉRIO INFANTIL

e demonstradas em casa. Para uma criança, observar um adulto cristão é como ver o evangelho se transformar em um filme — as crianças veem o cristianismo em ação nas mais diversas maneiras.

Em muitas igrejas, os solteiros andam com os solteiros, e os casados passam tempo com os casados. Raramente os dois grupos têm comunhão entre eles, à exceção das famílias que pedem aos solteiros para olharem seus filhos. Mas e se derrubássemos a parede divisória? E se adolescentes, solteiros, casais sem filhos, casais com filhos, casais com ninhos vazios e idosos se envolverem regularmente? E se fosse normal para eles fazerem mais do que apenas conversar brevemente uns com os outros após os cultos de domingo, mas viverem a vida juntos?

E se outros adultos na igreja (não apenas professores da escola dominical) ajudassem no discipulado de nossos filhos? E se recebêssemos regularmente solteiros, casais e idosos para jantar, para que nossos filhos pudessem construir relacionamentos com eles? E se meu líder de pequeno grupo (líder de Marty) também treinasse futebol com meus filhos? Ou se minha esposa (de Deepak) convidasse duas mulheres solteiras de nossa igreja para sair de férias com nossa família? E se houvesse tanta polinização cruzada — tantos relacionamentos sobrepostos em uma família — que nossos filhos não pudessem deixar de presenciar o evangelho todos os dias? Eles veriam um exemplo genuíno de vida no evangelho (com todas as suas alegrias e provações) vivida na vida dos membros de nossa igreja.

Há membros da igreja que se relacionam diariamente, semanalmente e até mesmo mensalmente com nossas famílias. E a maior parte do que estamos descrevendo não ocorre dentro do prédio da igreja; não estamos falando sobre os programas formais para crianças oferecidos na igreja. Cada exemplo que mencionamos (discipular individualmente, receber membros para jantar, solteiros viajando conosco nas férias) mostra como os membros da igreja podem envolver famílias (pais e crianças) *fora* dos cultos públicos de adoração.

Muitas igrejas evangélicas corretamente enfatizam a importância de pregar a Palavra de Deus e ensinar a sã doutrina. Mas o que falta a muitas igrejas é um senso claro de comunidade. Uma comunidade convincente e sobrenatural pode ser uma testemunha vital para nossos filhos porque serve de exemplo da vida no evangelho. Irmãos da igreja exibem o evangelho todos os dias nas pequenas interações diárias com nossas famílias. Se colocarmos essa responsabilidade apenas nos ombros de nossos professores da escola dominical ou ministros da juventude, mostramos que não entendemos o que significa ser uma comunidade juntos. É preciso uma igreja *inteira* para cuidar de uma família.

Autoavaliação: Servir de exemplo de comunidade do evangelho

Quando você olha para a sua igreja, você vê uma comunidade sobrenatural onde as pessoas estão investindo na vida uns dos outros? As pessoas estão dispostas a fazer sacrifícios e desistir de confortos diários para se envolverem umas com as outras? O que seria necessário para construir uma comunidade do evangelho que serve de exemplo da vida cristã para nossos filhos? Nossos filhos veem o evangelho vivido fielmente? Se não, é fácil começar uma comunidade assim. Comece convidando um solteiro piedoso para uma refeição e convide-o a compartilhar o que Deus está fazendo em sua vida. É simples assim.

PRECIOSAS AOS OLHOS DELE — E AOS NOSSOS

Observe sua congregação em um domingo e tente dizer quantas crianças e adolescentes foram convertidas em casa. Qual é o seu palpite? Dez por cento, 20%, 50% delas?

Há alguns meses, na minha igreja (de Deepak), o pastor Marcos declarou: "Se você acha que se converteu aos três anos de idade, por favor, levante-se". Algumas pessoas na congregação se levantaram. Então Marcos acrescentou: "Se você acha que se converteu aos quatro, por favor, levante-se". Um momento depois, "...aos cinco, por favor, levante-se". E ele continuou: "... aos seis, por favor, levante-se... aos sete... aos oito...".

Quando Marcos chegou aos dezessete anos, cerca de três quartos da igreja estavam de pé. Ele continuou para mostrar onde queria chegar. "Veja quantas pessoas foram convertidas durante seus anos no ministério infantil ou juvenil. Era a maior parte da nossa igreja! Vamos lembrar, e não menosprezar, como é importante nosso trabalho com as crianças. Deus pode salvar essas crianças, e ele pode usar você para levar o evangelho às suas vidas."

As crianças são preciosas para Jesus. Também o são para nós, então devemos fazer tudo o que pudermos para torná-las uma parte valiosa de nossas igrejas.

CAPÍTULO 3

CONCENTRAR-SE NA MISSÃO

A mãe do Leo segurava-o enquanto tentava ouvir o culto através de um alto-falante montado no saguão. Leo, com seu corpo grande demais para seus três anos, lutava para se libertar do aperto desesperado de sua mãe.

Eu sabia que Leo deveria estar na aula, mas não estava. Cerca de uma hora antes, seu professor havia exibido o número de seus pais no monitor do templo por causa da atitude e comportamento de Leo mais uma vez. "Aquele garoto é um problema", eu pensei. "Como vamos alcançá-lo?"

Naquele momento, perdi de vista o quadro geral e em vez disso notei os obstáculos. Você já se perguntou como você formaria outra geração para continuar a missão? Eu poderia ter usado um discurso de incentivo ao estilo de Josué para redefinir meu foco, do tipo que ele recebeu do Comandante do exército do Senhor pouco antes de entrar na terra prometida: "Sê forte e corajoso; não temas, nem te espantes, porque o SENHOR, teu Deus, é contigo por onde quer que andares" (Js 1.9). Hoje a missão do Comandante do exército do Senhor é clara: "edificarei a minha igreja, e as portas do inferno não prevalecerão contra ela". Como trabalhadores do ministério infantil, é nossa tarefa nos unirmos aos pais para que essa missão seja transmitida à próxima geração. Pouco antes de voltar para junto do Pai, Jesus encarregou seus discípulos (e a nós, agora) de continuar sua missão. Observe como ele repetiu a promessa feita a Josué, a promessa de nunca nos deixar fazer isso sozinhos:

44 | MINISTÉRIO INFANTIL

"Ide, portanto, fazei discípulos de todas as nações, batizando-os em nome do Pai, e do Filho, e do Espírito Santo; ensinando-os a guardar todas as coisas que vos tenho ordenado. E eis que estou convosco todos os dias até à consumação do século" (Mt 28.19-20).

Aqui estão algumas perguntas fundamentais: O que é preciso para criar uma geração de crianças que continuarão com a missão da igreja depois de nós? Como obtermos crianças que renunciem ao conforto pessoal para servir em nossas igrejas locais, que façam sacrifícios intencionais para fazer parte da plantação de uma igreja ou até mesmo deixem tudo para trás para levar o evangelho ao exterior? O que é preciso para alcançar os Leos em nossos ministérios e capacitá-los a servir fielmente ao Senhor?

COMO AJUDAMOS NOSSOS FILHOS A DESENVOLVER UMA PAIXÃO PELA MISSÃO?

Vamos examinar cinco elementos que ajudam nossos filhos a desenvolver uma paixão pelo serviço ao Senhor: ser exemplo, ensinar, expandir, expor e orar. Vamos explicar um de cada vez.

1. Ser exemplo

O apóstolo Paulo entendeu que a missão é mais bem "percebida" do que "ensinada". A mensagem de Paulo aos crentes era menos: "Faça o que eu digo", e mais: "Siga o meu exemplo e me imite" (cf. 1Co 4.16; Fp 3.17; 4.9). Ensinar *sobre* a missão da igreja local e as missões no exterior é importante, mas não mais importante do que dar exemplo de amor pela missão em nossas próprias vidas. As crianças não salvas e não alcançadas que visitam nossas salas da escola dominical, acampamentos ou EBFs podem se tornar nossos próximos pastores, plantadores de igrejas ou missionários.

Nada transmite mais uma paixão por alcançar o mundo do que um professor que demonstra fome de Jesus e de alcançar os perdidos. Nunca subestime o efeito da vida de um professor zeloso sobre nossos alunos.

Eu (Marty) falei recentemente com Leo, o encrenqueiro, que agora serve como pastor em nossa igreja! Pedi que ele pensasse em seu tempo de ministério infantil e no que o influenciou. Depois de um momento, ele disse que não conseguia se lembrar de nenhuma lição semanal específica de sua época de ministério infantil. Mas sua voz se encheu de animação ao se lembrar de vários professores de ministério infantil e da influência que a paixão deles teve em sua vida impressionável naquele tempo. Leo se lembrou de como Breno conduzia a adoração cheio do Espírito e de entusiasmo. Ele contou as fascinantes lições objetivas e o entusiasmo de Júlia sempre que ensinava as crianças. Leo falou sobre a influência desses mestres, sobre os muitos versículos da Escritura plantados em seu coração e sobre como o Espírito de Deus mais tarde usou esse rico depósito para alcançá-lo. Após o ensino médio, Leo tornou-se professor no interior da cidade, onde ele praticou o mesmo tipo de ensino que aprendeu com Júlia. Ele se tornou um líder de louvor em nossa igreja e praticou a mesma adoração cheia do Espírito que aprendeu com Breno. Eventualmente, Leo recebeu um chamado para o ministério pastoral, e, depois de sua formação ministerial, integrou-se à plantação de uma igreja que designamos para alcançar o bairro multiétnico em que ele cresceu. Essa igreja, Risen Hope [Esperança Ressurreta], logo encheu seus bancos com gente de mais de uma dúzia de etnias diferentes, com Leo servindo como pastor assistente, liderando o louvor.

Depois de ajudar a estabelecer a Risen Hope, Leo voltou à nossa igreja. Hoje, como um de nossos presbíteros em tempo integral, ele serve no ministério de louvor, trabalha com os jovens e lidera nosso ministério de iniciativas globais para alcançar o mundo com o evangelho. Quem adivinharia que uma criança bagunceira acabaria em um trabalho que proclama e divulga o evangelho?

Nossos esforços na sala de aula podem incendiar os corações de nossos alunos com o desejo de alcançar os outros com o evangelho — desde pessoas em seu bairro até os grupos de povos não alcançados do mundo.

2. Ensinar

Ensinamos nossos filhos sobre a obrigação de obedecer à Grande Comissão, a beleza do sacrifício e a dolorosa realidade da perseguição.

A obrigação de ir: No final do Evangelho de Mateus, Jesus proclama a autoridade que lhe foi dada por seu Pai. Não apenas alguma autoridade, mas "toda a autoridade me foi dada no céu e na terra". Ele então diz a seus discípulos para fazer discípulos de todas as nações (Mt 28.18-20). Seu evangelho é para todos os povos da terra, porque ele é o Senhor de todos. Seus seguidores devem ir, batizar e ensinar.

O que nosso Senhor estabelece em Mateus 28 é uma ordem. Há uma força imperativa no que ele diz. Ele coloca isso como uma obrigação, não uma sugestão. E tudo começa com o simples verbo "ide". *Algumas* de nossas crianças devem obedecer a Jesus indo a pessoas e lugares fora de nossa área local. *Todas* as nossas crianças devem estar envolvidas nesse trabalho com seu tempo, dinheiro e energia.

A beleza de uma vida sacrificial: Depois de ensinarmos aos nossos filhos o mandamento de Cristo para irem, também explicamos que há beleza em uma vida sacrificial. Jesus abriu mão de seu lugar com seu Pai no céu para assumir uma carne humana e se tornar um servo (Fp 2.5-7). Ele se humilhou até à morte, até mesmo à morte em uma cruz (Fp 2.8). Assim como Jesus se humilhou, também nós, em humildade, devemos colocar os outros acima de nós mesmos (Fp 2:3-4). Ainda que isso seja custoso, estamos dispostos a sacrificar nossas vidas em favor de outros por causa de Cristo.

Em contraste com o nosso mundo egoísta e narcisista, Cristo deu sua vida e nos chama a fazer o mesmo. Nossa esperança é que nossos filhos um dia estejam dispostos a dar suas vidas pelos outros. A beleza de uma vida sacrificial é demonstrada enquanto compartilhamos o evangelho com nossos colegas de trabalho não crentes, deixamos nossos amigos para trás para participar da plantação de uma igreja ou aprendemos um novo idioma e nos mudamos para o exterior a fim de traduzir a Bíblia para um grupo de pessoas não alcançadas.

A dolorosa realidade da perseguição: Embora haja verdadeira beleza em uma vida sacrificial, também há dor e sofrimento. Precisamos ser honestos com nossos filhos sobre as partes difíceis — incluindo o ódio e a perseguição do mundo aos discípulos de Cristo (Jo 17.14). Nós não vendemos às crianças de nossa igreja uma visão da missão ao estilo Síndrome de Poliana. Não, somos honestos sobre o esforço e a tribulação. Há sofrimento se você se conecta a Jesus (Lc 6.22; Jo 15.18; Fp 1.29; 2Tm 3.12). Os cristãos são ultrajados, ameaçados, açoitados, espancados, lançados na prisão e mortos por causa de Cristo. Alguns perdem seus empregos e são socialmente ostracizados. Nossos filhos precisam conhecer as dolorosas realidades de seguir a Cristo. Só prejudicaremos nossos filhos se escondermos as partes feias da vocação do cristão.

Autoavaliação: Ensinar

Você, seus professores e ajudantes demonstram paixão pela missão diante de suas crianças? Vocês ensinam a Grande Comissão de Mateus 28? Vocês os ensinam sobre a beleza do sacrifício, mas também sobre a realidade do sofrimento como cristãos? Vocês veem os Leos de sua igreja como problemas, ou conseguem imaginar seus filhos um dia seguindo Jesus para alcançar o mundo com o evangelho?

Aqui está uma maneira prática de medir esse último ponto. Faça uma revisão rápida do seu currículo. Ele oferece uma visão bela e enfeitada da vida cristã ou é honesto sobre o sacrifício e o sofrimento de um cristão?

3. Expandir

Queremos expandir a visão de nossos filhos sobre Deus. Não queremos que eles conheçam um deus minúsculo, impotente e que não faz nada. Queremos que eles conheçam um *grande Deus* que faz grandes e gloriosas coisas e governa o mundo com todo o poder e autoridade.

Meu pastor (de Deepak) ora semanalmente pela obra de Deus em todo o mundo. Ele faz orações gerais: "Deus, converta as pessoas", "mude seus corações", "nos ajude a conhecer seu amor". Mas ele também ora especificamente pela obra de Deus na vida de diferentes governantes e nações do mundo. Eu o ouvi orar para Deus converter um ditador e destronar um rei. "Deus, tu tens os corações dos reis em suas mãos, pedimos hoje que regeneres o coração de _____. Tu podes fazer isso, Senhor, e pedimos isso a ti hoje." Ele ora com ousadia e grandeza porque acredita em um *grande Deus* que pode fazer qualquer coisa, em qualquer lugar, a qualquer momento. Seu Deus não é pequeno e limitado. Ele é todo-amoroso, todo-poderoso, onisciente e onipresente.

Vamos traduzir isso para o trabalho do ministério infantil. Se comunicamos às nossas crianças uma visão pequena de Deus, isso as levará a pensarem pequeno, a não correrem riscos e a não fazerem muito com suas vidas. Um pequeno deus faz pouco neste mundo e pede pouco de nós. Mas nosso grande Deus muda corações e reorganiza este mundo para sua glória. Queremos que nossas crianças vejam esse grande Deus que comanda todo o universo. Em qual Deus você acredita pessoalmente? Que Deus você está comunicando aos seus filhos?

4. Expor

Assim como expandimos a visão de nossos filhos sobre quem Deus é, também expomos nossos filhos a um mundo grande. Abrimos proativamente seus olhos para as diferentes línguas, culturas, alimentos, roupas e histórias de todos os cantos do globo. Compartilhamos as histórias daqueles que estão servindo fielmente a Deus em contextos diferentes dos nossos.

As crianças naturalmente têm uma visão pequena deste mundo; elas não pensam além de seu bairro. Queremos que nossos filhos vejam além dessas limitações e que confiem suas vidas a um Deus grande e criativo em um mundo grande.

Imagine esta situação. Jonathan tem trinta e poucos anos, é alto e magro. Ele é um membro fiel de sua igreja, e, depois do culto matinal, ele busca seu filho de seis anos, Marcos, em uma classe infantil.

Jonathan fica à porta da sala de aula do filho, olhando para dentro. "Ei, filho! Por favor, agradeça à sua professora."

O pequeno Marcos se vira para sua professora, Sílvia, e diz: "Obrigado". Ele se volta para o pai e estende uma folha de colorir com o contorno de Uganda. No interior, duas pequenas estrelas marcam a localização de duas aldeias. "Pai, olha o que eu pintei!"

Jonathan se inclina, sorri e diz: "Uau, Marcos. Sobre qual país você aprendeu hoje?". Marcos pondera a pergunta de seu pai por apenas um momento e responde: "Aprendemos sobre Uganda e nossos missionários que trabalham lá. Nós cantamos uma música em japadola hoje! Essa é a língua deles!".

Nesse pequeno intercâmbio, o que estamos oferecendo é um vislumbre do mundo do pequeno Marcos. Ele não só estava animado para mostrar sua folha de colorir, como mostrou conhecimento sobre um país diferente, os missionários que estavam servindo lá e até mesmo um pouco sobre sua cultura. Isso pode não parecer muito, mas, do ponto de vista limitado de uma criança de seis anos, é um passo na direção certa. Ele está mostrando que pode ver além dos limites de sua vida e vizinhança para perceber a grandeza da obra de Deus neste mundo caído.

Autoavaliação: Expor
Faça outra verificação pontual do seu currículo. Ele oferece às crianças uma visão crescente do mundo de Deus e do seu trabalho ao redor do globo? Ele os ensina sobre os missionários e seus sacrifícios pelo evangelho?

5. Orar
Eu (Deepak) estou na porta dos fundos de nossa igreja após o culto matinal, no qual nosso pastor acabou de pregar uma mensagem inspiradora sobre Romanos 10.

> Como, porém, invocarão aquele em quem não creram? E como crerão naquele de quem nada ouviram? E como ouvirão, se não há quem

50 | MINISTÉRIO INFANTIL

pregue? E como pregarão, se não forem enviados? Como está escrito: Quão formosos são os pés dos que anunciam coisas boas! (v. 14-15)

Nosso pastor enfatizou as palavras do versículo 15, "se não forem enviados". O imperativo missionário exige que alguns devem *ir* para levar o evangelho às pessoas que precisam desesperadamente ouvi-lo.

Na saída, falei com Julie, uma mãe de quatro filhos adoráveis, e ela foi brutalmente honesta comigo. Sua confissão foi algo assim: "Eu não quero que meus filhos sejam missionários. Não me entenda mal. Eu oro e apoio financeiramente nossos missionários. Evangelizar o mundo é um trabalho vital. É obra de Deus. Eu oro sempre para que o Senhor salve meus filhos, mas eu os amo tanto que eu egoisticamente não quero abrir mão deles. Não suporto a ideia de enviá-los para um país estrangeiro, onde poderiam enfrentar perseguições, dificuldades e até mesmo a morte. Tenho medo de entregá-los a Deus e arriscar perdê-los ou vê-los raramente. Pastor, por favor, ore pelo meu coração".

O que você acha? Se os pais fossem honestos com você, é isso que diriam? Você tem uma Julie na sua congregação?

Mateus narra, em seu Evangelho, esta história sobre Jesus:

E percorria Jesus todas as cidades e povoados, ensinando nas sinagogas, pregando o evangelho do reino e curando toda sorte de doenças e enfermidades. Vendo ele as multidões, compadeceu-se delas, porque estavam aflitas e exaustas como ovelhas que não têm pastor. E, então, se dirigiu a seus discípulos: A seara, na verdade, é grande, mas os trabalhadores são poucos. Rogai, pois, ao Senhor da seara que mande trabalhadores para a sua seara. (Mt 9.35-38)

Cristo exorta seus discípulos sobre a necessidade espiritual da colheita. Há muitos prontos para receber as boas-novas de sua vinda. Assim, ele ordena a seus discípulos (também a nós) a "rogar". Participamos da seara espiritual de Deus orando para que o Senhor levante trabalhadores para sua seara.

Oramos para que nossos filhos possam *ir* e contar as boas-novas. Seus esforços para compartilhar o evangelho começam contando a um irmão mais novo sobre Jesus. Mais tarde na vida, à medida que crescem, queremos que eles também levem o evangelho para além dos muros de suas casas, para o mundo. Nós entregamos nossos corações — e nossos filhos — ao Senhor, enquanto procuramos cumprir a Grande Comissão.

IDEIAS PRÁTICAS PARA TORNAR O MINISTÉRIO INFANTIL MAIS FOCADO EM MISSÕES

Aqui estão algumas sugestões práticas sobre como tornar o ministério infantil mais focado em missões. Se essas ideias não são adequadas para a sua igreja, desenvolva ideias que sejam melhores para o seu contexto.

Visualize a obra de Deus no mundo

Coloque um mapa do mundo para que as crianças vejam todas as semanas quando elas forem à igreja. Se for apropriado e seguro, marque a localização de todas as plantações que sua igreja enviou e os países onde os missionários que vocês apoiam estão servindo. Adicione fotos se você as tiver. É um excelente lembrete para as crianças de que o reino de Deus é maior do que sua igreja local.

Fale sobre sua missão

Fale sobre seus esforços para alcançar os bairros locais com o evangelho. O Natal e a Páscoa oferecem ótimas oportunidades para convidar vizinhos. Nossa igreja (de Marty) oferece oportunidades evangelísticas para as famílias no segundo domingo dos meses mais quentes. As crianças se envolvem com seus pais lavando carros e se juntando a eles em outras iniciativas, como entregar sacolas de brindes para pessoas que visitaram nossa igreja no mês anterior. Estimule as crianças a participar na obra do evangelho, e elas levarão seus pais junto!

52 | MINISTÉRIO INFANTIL

Quando sua igreja envia uma plantação de igreja ou uma família se muda para se juntar a uma, as crianças sabem. Muitas vezes são seus amigos que estão indo embora para a plantação da igreja! Reserve um tempo para falar sobre as diferentes plantações de igreja e a alegria de começar um novo trabalho evangelístico.

Nossa missão não é só local. Também envolve levar o evangelho a outros países e culturas. Compartilhe sobre os obreiros que vocês apoiam em outras partes do mundo. Melhor ainda, quando os missionários estiverem visitando o país, faça-os conversar com as crianças. Você desejará que elas ouçam sobre os obstáculos ao evangelho (por exemplo, barreiras culturais e religiosas), as realidades do custo de seguir a Cristo (por exemplo, os crentes que morrem por sua fé) e o testemunho da obra de Deus neste mundo. Leia histórias missionárias e recomende biografias. Deixe as crianças aprenderem sobre os cristãos que sacrificam suas vidas por causa do evangelho. Assegure em algum lugar de seu planejamento que você ensinará sobre a obrigação de ir e proclamar o evangelho em todo o mundo. Veja se isso está integrado em todas as suas turmas e ministre uma aula específica sobre trabalho no exterior e missionários.

Apresente culturas, sabores, visões e sons diferentes

Ao construir um currículo que fale sobre o trabalho no exterior, você também pode ajudar as crianças a ver, provar, cheirar e experimentar diferentes partes do belo mundo de Deus.

As crianças brincam com diferentes brinquedos em todo o mundo. Peça a um missionário de sua igreja para trazer um brinquedo que as crianças brincam no país em que ele serve. Use-o para falar sobre a cultura do povo que você está tentando alcançar.

Alimentos de diferentes culturas oferecem uma oportunidade de falar sobre países onde sua igreja apoia um missionário ou uma plantação de igreja. O cheiro de curry enchendo a sala pode tornar sua discussão sobre um missionário na Índia muito mais interessante.

Artesanatos podem ser divertidos para as crianças. Eles podem exibir a língua escrita da cultura onde um missionário serve. Por exemplo, descubra como eles escrevem "Jesus salva" e peça às crianças para escreverem isso com marcadores em uma pedrinha de rio junto com a referência 1 Pedro 2.6.

MANTENHA O OBJETIVO FINAL EM MENTE

Humanamente falando, o futuro da igreja depende das crianças em nossas salas de aula. Esses pequeninos um dia assumirão a missão e continuarão de onde paramos. Mesmo que às vezes eles sejam muito difíceis, não dispense os Leos do seu ministério infantil. Eles, como foi com o Leo, podem crescer e se tornar pastores, membros de uma plantação de igreja ou missionários no exterior. É difícil ver isso agora, mas acredite que Deus pode fazer mais com Leo do que você jamais poderia imaginar.

A missão de alcançar o mundo continuará até o dia em que o nosso Senhor voltar. Façamos tudo o que pudermos para preparar nossos filhos para se juntarem à missão de proclamar Jesus perto e longe.

PARTE 2

AS PESSOAS NO MINISTÉRIO INFANTIL

Na parte 1, oferecemos três prioridades para construir uma base firme e inabalável para o ministério de nossos filhos: Ensinar a Bíblia. Valorizar as crianças. Concentrar-se na missão. Esse é o tipo certo de fundamento sobre o qual devemos construir todo o resto.

Agora vamos mudar de marcha. Na parte 2, procuramos pessoas. No centro do plano redentor de Deus está uma operação de resgate — Deus usa pecadores e sofredores caídos e quebrantados (como você e eu) para inspirar, instruir e dar exemplo da verdade para os coraçõezinhos.

Deus usa as pessoas para proclamar sua glória. Quem liderará a equipe e os voluntários? Quem vai ensinar e amar as crianças? Quem vai organizar e executar o nosso programa infantil? Quem são os principais agentes que fazem tudo isso funcionar? Precisamos de pessoas comprometidas, que amam a Jesus e estão cheias da Palavra para administrar o ministério infantil.

Vamos considerar as pessoas que mantêm o motor do ministério infantil funcionando e bem conservado.

Pastores lideram e conduzem. Alguém precisa mostrar liderança, oferecer uma visão para alcançar a próxima geração, cuidar da equipe, definir as prioridades e limites, tomar decisões importantes e fornecer impulso quando as coisas estão desacelerando. Isso e muito mais pertencem aos pastores que supervisionam o ministério infantil.

Dirigentes do ministério infantil organizam e executam. A equipe são as mãos e os pés no chão organizando e executando para fazer o ministério infantil acontecer. Uma pessoa chave garante que o ministério infantil faça o que deve fazer. Os programas são organizados, os voluntários são treinados e alocados, os membros são recrutados, o currículo é escolhido, distribuído e assim por diante.

Membros mantêm o ministério infantil. Se a equipe (e os diáconos) constroem a treliça, os membros aparecem e fazem o trabalho de cultivar a videira. Eles ensinam, instruem e cuidam das crianças. Eles mantêm o ministério infantil funcionando com sua presença, energia e esforços amorosos.

Pais constroem uma parceria robusta. Os pais confiam seus filhos à equipe de ministério infantil, que fornece um ambiente seguro e centrado no evangelho para as crianças. Da mesma forma, a equipe de ministério infantil prepara os pais para serem os principais discipuladores de seus filhos durante o resto da semana. O que se forma é uma parceria saudável no evangelho entre ambos os lados.

CAPÍTULO 4

PASTORES LIDERAM E CONDUZEM

Eu (Marty) me lembro de ter ido a uma escola cristã local para um café da manhã de confraternização para pastores de crianças e jovens. Apresentei-me a três pastores que não conhecia ainda. Na época, eu pastoreava a mesma igreja há quase vinte anos. Liderar o ministério infantil era minha principal área de ministério, além de cuidar de pequenos grupos em nossa igreja.

Quando chegou a minha vez de responder à pergunta: "Então, o que você faz?". Eu respondi: "Eu lidero o nosso ministério infantil". Dava para notar o que eles estavam pensando: *Esse cara está em seus quarenta e poucos anos e ainda está liderando o ministério infantil?* A pergunta seguinte revelou sua preocupação. "Há quanto tempo você faz isso?" Quando respondi vinte anos, suas cabeças abaixaram todas juntas, olhando para o chão. Eu sabia o que eles estavam pensando: *Pobre amigo; ele está fazendo isso há duas décadas e nem sequer foi capaz de avançar para o ministério de juventude!* Eu não deixei o silêncio notável deles continuar. Compartilhei minha visão de alcançar a próxima geração e de alcançar nossos filhos para um coro de acenos de cabeça e sorrisos mansos. Eu queria que eles soubessem da minha empolgação em liderar o ministério infantil — que trabalhar com crianças é mais do que um trampolim para algo maior.

É difícil culpar os pastores por não verem a prioridade do ministério infantil. Pastores aspirantes não recebem muitas instruções sobre o ministério infantil no seminário, se é que recebem alguma. Eles passam um ano

58 | MINISTÉRIO INFANTIL

aprendendo grego e hebraico, recebem meses de treinamento sobre como fazer exegese da Bíblia, fazem um curso ou dois sobre aconselhamento e ministério prático, e talvez um dia podem ouvir uma palestra que toca no ministério infantil. Lembro-me de ser convidado para ensinar uma daquelas sessões de "espremer em quatro horas tudo o que um pastor precisa saber sobre o ministério infantil" para um grupo de futuros pastores. A classe me recebeu calorosamente. Eles estavam gratos pela oportunidade de se sentar e relaxar e não ter que se preocupar com um exame. Quando encerrei o dia com um tempo de perguntas e respostas, todos fizeram a mesma pergunta: Qual é a melhor maneira de encontrar um herói a quem pudessem delegar essa tarefa?

O objetivo deste capítulo é refletir sobre o papel do pastor no ministério infantil. Nossa proposição é que, independentemente do tamanho da igreja, deve haver um pastor envolvido: o pastor principal, um pastor auxiliar ou mesmo um pastor leigo (se a estrutura de sua igreja permitir tal coisa).

A CONEXÃO DO PASTOR COM O MINISTÉRIO INFANTIL

Um pastor tem incentivo teológico e considerações práticas para descobrir sua relação com o ministério infantil.

Incentivo teológico: pastorear o rebanho de Deus

A responsabilidade do pastor pelo cuidado e instrução das crianças de sua igreja é uma parte vital de sua tarefa geral de pastorear o rebanho de Deus. Ele pode delegar o trabalho, mas ainda permanece responsável pelo cuidado das almas dessas crianças. Os pastores são chamados a pastorear tanto os adultos como as crianças das suas congregações.

Ao escrever aos cristãos que estavam sofrendo por sua fé, Pedro diz isto aos presbíteros:

> Rogo, pois, aos presbíteros que há entre vós, eu, presbítero como eles,
> e testemunha dos sofrimentos de Cristo, e ainda coparticipante da
> glória que há de ser revelada: *pastoreai o rebanho de Deus que há entre*
> *vós*, não por constrangimento, mas espontaneamente, como Deus

quer; nem por sórdida ganância, mas de boa vontade; nem como dominadores dos que vos foram confiados, antes, tornando-vos modelos do rebanho. (1Pe 5.1-3, ênfase adicionada)

Da mesma forma que um pastor de ovelhas cuida do rebanho, assim também o faz um pastor na igreja. Você sabe como identificar quem é um pastor? Você o reconhece porque ele está sujo e suado, e tem o cheiro de suas ovelhas. A descrição básica do trabalho de todo pastor é cuidar, proteger e guiar as ovelhas de Deus. Isso inclui todos os membros regulares da igreja, mas entre esses membros, o pastor tem uma responsabilidade especial de liderar e amar a equipe da igreja.

Um pastor não deve ignorar o ministério infantil. Ele não deve deixar a equipe desse ministério descobrir por conta própria como organizar e administrar toda a empreitada. Os líderes do ministério infantil prosperam quando são liderados por seu pastor. Se você é um pastor, está lendo isso e percebe que está deixando a desejar, mas não sabe por onde começar, não é complicado. A ação mais simples e eficaz que um pastor pode executar é dar um pouco do seu tempo. Não é física quântica: reserve algum tempo em sua agenda. Incentive, contribua, cuide e encontre-se com a equipe do ministério infantil. Seja consistente, disponível, atencioso, humilde, gracioso, bom ouvinte, um solucionador de problemas e uma caixa de ressonância para as ideias da equipe.

Considerações práticas: exemplos de organogramas

Na maioria das igrejas pequenas, há apenas o pastor principal com uma equipe reduzida. O pastor principal que prega todos os domingos não pode dirigir também o programa do ministério infantil. Isso é demais para uma pessoa. É mais do que provável que ele encontre um voluntário chave que assuma a causa ou pague alguém para fazer isso em meio período.

Em uma pequena igreja, o líder do ministério infantil se reportará diretamente ao pastor principal. Essa é, às vezes, uma opção difícil, porque o pastor principal tem muitas exigências em seu tempo e pouca ajuda. Não será fácil dar tempo e atenção ao ministério infantil, mas pela graça de Deus o pastor consegue!

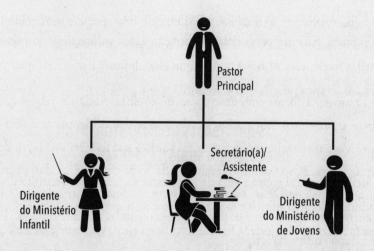

Se a igreja tem mais de um pastor, como um pastor auxiliar ou uma pluralidade de pastores/presbíteros, uma opção mais realista é que algum outro pastor (além do pastor principal) assuma a responsabilidade pela supervisão do ministério infantil. A direção do ministério infantil se reporta ao pastor auxiliar em seu trabalho diário. Isso é mais razoável considerando a ocupação de tempo de um pastor principal.

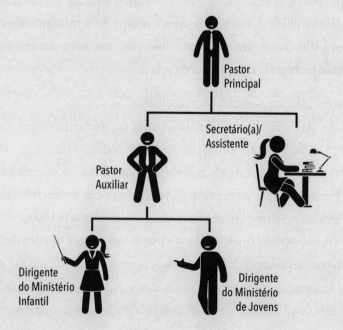

Um pastor precisa assumir a responsabilidade e supervisionar o ministério infantil. Se você perguntasse à direção e aos voluntários do ministério infantil a quem eles se reportam, o que eles diriam? Está claro qual pastor exerce a liderança no ministério infantil?

AS QUALIDADES DE UM PASTOR
QUE CONDUZ O MINISTÉRIO INFANTIL

Se a atribuição geral sobre a vida de um pastor é conduzir o rebanho de Deus (incluindo liderar o ministério infantil), então o que vem a seguir? O que o pastor faz? Como ele ajuda? Que coisas difíceis ele deve dizer? Onde ele apoia, treina, estabelece limites e defende?

1. O pastor lidera e ama

A liderança e o amor estão no topo da descrição do trabalho do pastor. O pastor dirige o navio. Ele é o capitão, ao leme, no meio da tempestade, olhando para o convés e declarando: "Vá por ali, não por lá". Ele é conhecido como o líder do ministério infantil, e assume a responsabilidade por isso. Ele guia a equipe, os voluntários e os pais em uma direção centrada no evangelho e que glorifica a Deus. Ele fornece as prioridades de ensino e orientação para os programas e voluntários.

Ele também assume a responsabilidade pelo fracasso. O ex-presidente dos Estados Unidos, Harry Truman, mantinha uma placa em sua mesa que dizia: "A ficha para aqui"[1]. Se alguém abusar de uma criança sob seus cuidados ou tratar mal uma criança na sala de aula; se houver um incêndio, mas não houver um plano de evacuação; se a equipe do ministério infantil estiver desorganizada ou em conflito e ninguém estiver mediando; ou se não houver voluntários suficientes, o pastor deve intervir, assumir a responsabilidade e supervisionar cuidadosamente a situação.

---

1 N. T.: No original, "the buck stops here", expressão vinda do pôquer indicando que a ficha, ou seja, a responsabilidade pela jogada, não será passada adiante para o próximo jogador.

62 | MINISTÉRIO INFANTIL

Os pastores nunca são ditadores; eles são líderes-servos. Cristo "não veio para ser servido, mas para servir e dar a sua vida em resgate por muitos" (Mc 10.45). Assim também seus discípulos (especialmente pastores!) devem fazer o mesmo. O pastor deve ter um amor evidente por aqueles que trabalham e servem no ministério infantil.

2. O pastor define o panorama geral

Eu (Deepak) estava sentado no meu carro, saindo para levar meus filhos para o treino de futebol, e minha filha Lydia perguntou: "Por que você faz isso?". Toda vez que saímos do estacionamento, eu mudo o GPS da vista da rua (onde você pode apenas ver a rua ao seu redor) para a página de visão geral (onde você pode ver todo o caminho para o seu destino). Agora você está se perguntando: *por que ele faz isso?* Porque eu quero ver o panorama geral — antecipar obstáculos e descobrir o que é preciso para chegar ao nosso destino.

O pastor precisa saber detalhes suficientes para entender como as coisas funcionam no ministério infantil e ter uma boa noção do que funciona ou não funciona. Mas ele também precisa recuar e ver o panorama geral — como tudo se encaixa e para onde está indo.

O pastor lidera a equipe do ministério infantil fornecendo uma visão do panorama geral. Ele os guia ao longo de sua jornada. Ele define as prioridades e os valores. Ele enfatiza coisas como: "A segurança é uma prioridade", "Seremos centrados no evangelho em nosso ensino" e "Estamos aqui para servir, não para ditar". Deus os levará ao seu destino, mas o pastor é o motorista que dirige e conduz os passageiros.

3. O pastor apoia e incentiva

Os melhores líderes cuidam bem daqueles sob sua responsabilidade. Pastoreio deliberado inclui comunicação regular, resolução de problemas, treinamento, delegação, estabelecimento de limites e trabalhar como um conector. O amor do pastor se evidencia em como ele se aproxima da equipe e dos voluntários no trabalho diário de cuidar das crianças da igreja.

Um pastor deve marcar reuniões regulares para falar sobre o estado do ministério. Isso oferece oportunidades ricas de incentivo e agradecimento, um momento para perguntar sobre desafios e solução de problemas, uma chance de conversar sobre o panorama geral e uma ocasião para treinar a equipe.

O pastor pode ajudar a avaliar e gerenciar os professores. A maioria das pessoas é ótima em seguir orientações e ensinar o currículo. Mas as coisas ficam arriscadas quando um professor faz as coisas à sua maneira, ignora as instruções dos líderes, ou pior, trata mal as crianças da classe. Alguém precisa ter uma conversa difícil com esse professor. Os líderes do nosso ministério infantil precisam saber que podem chamar o pastor para ajudá-los a passar por uma situação difícil.

4. O pastor ouve e comunica

O pastor deve ser acessível e disponível. Se um voluntário suspeitar de abuso, ele precisa ser capaz de contactar rapidamente o pastor. Se um membro da equipe não souber qual currículo escolher, pode conversar sobre isso com o pastor. Se a direção do ministério infantil precisar de ajuda para decidir o nível de maturidade de um membro que se voluntariou recentemente, pode entrar em contato com o pastor. A equipe e os membros da igreja podem entrar em contato sempre que houver necessidade de conversar, pensar em algo, revisar planos antigos e fazer novos.

5. O pastor resolve problemas

Se não houver voluntários suficientes, se cuidados extras forem necessários para uma criança com deficiência, se não houver um plano de evacuação adequado ou se uma criança estiver intimidando seus colegas, o pastor aplica sua sabedoria, experiência e habilidade a esses problemas. O pastor e a equipe se detêm neles até que o problema seja resolvido ou haja progresso.

O pastor conduz sua equipe através dessas incertezas e dificuldades. Ele pensa e procura soluções para os problemas atuais. Sua atenção e envolvimento demonstram seu amor e cuidado com a equipe do ministério infantil.

64 | MINISTÉRIO INFANTIL

Eles não estão enfrentando esses problemas sozinhos. Seu pastor se preocupa e quer ajudar.

Quando os líderes do ministério infantil podem pedir ajuda a seu pastor, ficam menos sobrecarregados por seus desafios do dia a dia. Por exemplo, um pastor pode ajudar recrutando voluntários no púlpito. Ele pode expor uma visão do trabalhar com crianças — o que é um grande incentivo para um ministério que precisa de mãos extras. Embora a equipe do ministério infantil seja a principal responsável por recrutar voluntários, o apoio público e a disposição do pastor ajudam a comunicar seu cuidado. O pastor quer que os líderes do ministério infantil sintam que ele está disposto a ajudar onde puder.

6. O pastor confia que a equipe fará seu trabalho

Não há necessidade de ser um controlador ou um microgerenciador. O objetivo de um pastor é preparar os santos para fazer o trabalho do ministério, não fazer tudo sozinho (Ef 4.11-16). Ele mostra que é um pastor sábio se deixar pessoas competentes fazerem seus respectivos trabalhos. Ele comunica suas prioridades e objetivos e, em seguida, os deixa livres para executar.

7. O pastor estabelece limites saudáveis

Sim, isso mesmo. Um pastor precisa estabelecer limites sobre o quanto alguém pode se voluntariar a fim de proteger seu bem-estar espiritual. Nossa prioridade é a saúde espiritual do crente, não um programa de ministério infantil. Se trabalharmos demais e desgastarmos nossa equipe e voluntários, que bem isso traria para eles (e para nós) a longo prazo? Pode parecer uma resposta conveniente atribuir ao ministério infantil a tarefa de cuidar das crianças durante uma reunião de casais, mas devemos lembrar que nossos irmãos estão servindo todos os domingos e muitas vezes no meio da semana também. Monitore quantos cultos seus voluntários estão faltando e pense em quantas reuniões eles devem participar para seu próprio crescimento espiritual.

O objetivo é manter esses servos protegidos do esgotamento. Quem você preferiria ter em uma sala de aula, um voluntário desanimado que está com dificuldades porque perdeu muitos cultos servindo semana após semana no ministério infantil ou um que está animado para trazer tudo o que tem aprendido com a pregação de domingo de manhã para a sala de aula do ministério infantil? As pessoas servirão em detrimento de si mesmas e das crianças se as deixarmos. O pastor estabelece limites sobre a frequência com que um voluntário pode servir para que ele possa se beneficiar regularmente e ser alimentado pela pregação da manhã de domingo. Fazer uma escolha difícil para limitar a frequência do serviço de um professor pode exigir que a equipe do ministério infantil recrute ajuda adicional.

8. O pastor defende

O pastor é a ligação da equipe e dos voluntários com o resto da equipe de liderança da igreja. Ele ajuda para que suas preocupações sejam ouvidas e conhecidas. Ele fala quando os problemas ficam grandes o bastante para precisar de orientação de todo o conselho. Ele também trabalha em nome da liderança da igreja para comunicar suas prioridades à equipe do ministério infantil.

9. O pastor encara situações difíceis de frente

Um bom pastor verá uma situação desafiadora e, em vez de recuar por medo ou frustração, ele encara tudo o que está acontecendo.

Um pastor não teme conversas difíceis.

Natália, uma dirigente do ministério infantil, estava conversando com Théo, um pastor da equipe. Um dos garotinhos estava agredindo outras crianças e desrespeitando seus professores da escola dominical. "Ele chuta, cospe e morde outras crianças e grita com os professores", Natália comunicou com grande preocupação.

"Dê-me o número de telefone do pai e eu ligarei para ele", respondeu Théo, sem hesitar nem um momento.

Isso surpreende você? Não nos surpreende. Por quê? É responsabilidade dos pastores encarregarem-se das situações difíceis. Esta é uma função essencial da liderança pastoral, e apresenta uma oportunidade para cuidar do rebanho. Théo não hesitou porque sabe que é sua responsabilidade ter as conversas difíceis com os pais, especialmente as mais complexas e espinhosas.

Vamos mudar as situações. E se alguém que já foi condenado por abuso sexual aparecer na igreja? Ou se ele ligar com antecedência para avisar alguém que planeja comparecer no próximo domingo? O pastor deve ser quem vai conversar com o abusador sexual, informando-o sobre as diretrizes quanto a abusadores e apresentando os limites de sua participação. Quando um pastor está disposto a assumir essas conversas difíceis, ele comunica seu cuidado aos líderes do ministério infantil.

Um pastor toma decisões impopulares.

Nossa liderança (da Capitol Hill Baptist Church) está comprometida em deixar o ministério infantil ser operado por voluntários. Nosso compromisso (como diz o pacto de nossa igreja) é criar as crianças na disciplina e admoestação do Senhor, por um exemplo puro e amoroso. Essa declaração não é apenas para os pais. São todos da igreja: pais, solteiros, pais de adultos, aposentados e adolescentes. Como igreja, estamos *todos* envolvidos no ministério infantil de uma forma ou de outra.

Uma das partes difíceis de viver em Washington, DC, para mim (Deepak) é que há muita rotatividade na cidade. Profissionais políticos, militares e jovens (jovens profissionais urbanos) somam juntos 10% a 20% de nossa igreja nos deixando todos os anos. Isso significa que, se não atualizarmos o recrutamento de voluntários, podemos ficar para trás rapidamente e não ter voluntários suficientes para atender às nossas necessidades.

Se não tivermos voluntários suficientes, eu, como pastor do ministério familiar, arcarei com o fardo de impor ações impopulares, mas necessárias. Encerraremos os programas ou imporemos limites nas salas de aula para garantir que tenhamos um ambiente bom e seguro para as crianças.

Imagine esta situação. Bruno e Maria arrumam seus quatro filhos para irem à igreja: dão café da manhã, trocam fraldas e vestem as crianças. Eles arrastam as crianças para o carro, dirigem 25 minutos até a igreja, saem com elas do carro e se dirigem para a seção infantil da igreja. Depois de uma manhã agitada e frustrante (que é comum aos domingos!), eles descobrem que as salas de aula das crianças de três e seis anos estão fechadas porque não há voluntários suficientes. Então, em um momento de frustração, Maria levanta a voz contra a coordenadora voluntária sentada à mesa e sai furiosa com os filhos a reboque.

Quando o pastor (Théo) ouve sobre isso por meio da dirigente do ministério infantil (Natália) após o culto da manhã, ele pega o telefone e liga para Bruno e Maria. Embora seja decepcionante que não haja voluntários suficientes, o pastor pode se identificar com esses pais porque seus próprios filhos perderam as mesmas aulas! E, no entanto, como ele diz aos pais, não há desculpa para levantar a voz contra os voluntários. Como pastores, não devemos passar essas conversas difíceis para nossos voluntários. Temos de estar dispostos a sustentar decisões duras e impopulares e a assumir a responsabilidade por elas.

A RECOMPENSA

Quando um pastor cuida dos líderes do ministério infantil, limitando sua carga de trabalho e liderando nas situações difíceis, ele faz o serviço deles ser alegre. Quando eles sabem que podem confiar no pastor para ajudá-los a pensar nos desafios e levantar questões em uma reunião regular, não se sentem sobrecarregados. O resultado final é que os principais membros da equipe permanecerão. Eu (Marty) ainda estou servindo na mesma igreja e ainda liderando o ministério infantil, já há 33 anos. Durante esse tempo, eu só tive quatro casais coordenando nosso ministério infantil sob minha direção.

Acredite, é muito mais fácil cuidar de seus líderes e mantê-los espiritualmente saudáveis fazendo as coisas descritas acima do que tentar recrutar e começar de novo com um novo líder a cada dois anos. Se você não tem dado os devidos cuidados aos líderes do ministério infantil e está se perguntando por onde começar, comece convidando-os para um almoço ou jantar para incentivá-los e extrair deles maneiras de ajudar. São grandes as chances de que eles fiquem por perto.

Autoavaliação: pastores lideram e conduzem

Pastor: Há alguma coisa neste capítulo que você não está fazendo? Se há, como você se sentiria em acrescentar isso em sua liderança do ministério infantil?

Membros da equipe ou voluntários do ministério infantil: A tentação é ler este capítulo e pensar: *Nossa, não é o que meu pastor faz. Eu não recebo apoio assim!* Se você sentir que seu pastor está deixando a desejar, evite a tentação de se sentir amargurado ou frustrado. Comece orando para que o Senhor dê direção e sabedoria aos líderes de sua igreja. Nada muda sem primeiro separarmos tempo para orar.

CAPÍTULO 5

DIRIGENTES DO MINISTÉRIO INFANTIL ORGANIZAM E EXECUTAM

Adriana levantou-se e estava prestes a sair da aula da escola dominical, mas eu (Deepak) perguntei a ela: "Você tem um momento para conversar?". Ela assentiu e fez uma pausa.

Comecei com: "Você já teve uma conversa que poderia mudar o rumo de sua vida?".

As sobrancelhas de Adriana se ergueram e ela pareceu assustada. Tenho certeza de que ela pensou: "Por Deus, o que ele quer dizer?".

Nos minutos seguintes, expliquei a Adriana que os pastores estavam se perguntando se ela consideraria o papel de dirigente do ministério infantil. Ela trabalhava em um emprego secular há vinte anos e nunca trabalhou para uma igreja antes. Compreensivelmente, ela ficou surpresa com a minha pergunta. A pergunta natural saiu de sua boca: "Por que eu?".

Expliquei a Adriana que percebemos as qualidades que fariam dela um bom membro da equipe e uma excelente diretora do ministério infantil. A pessoa que serve como dirigente do ministério infantil (DMI) é o músculo e a força nos bastidores que fazem as coisas acontecerem diariamente no ministério infantil. Isso permite que o pastor que supervisiona o ministério infantil se concentre em pastorear os membros envolvidos e permaneça envolvido na liderança do quadro geral. Nós (os pastores) vimos em Adriana um membro fiel, humilde e trabalhador que seria uma grande adição à nossa equipe.

Neste capítulo, explicaremos as qualidades ideais e a descrição do trabalho de um DMI e como cuidar desse trabalho. (Lembre-se, essa lista descreve o ideal. Raramente temos nosso ideal neste mundo caído. É disso que se trata o discipulado. Ele permite que você coloque em ação alguém que precisa de treinamento e orientação.) Também abordaremos maneiras de ajudar a evitar o esgotamento e a alta rotatividade do seu DMI.

UM DIRIGENTE IDEAL DO MINISTÉRIO INFANTIL

Digamos que sua igreja está procurando contratar[1] um dirigente de ministério infantil. Ramona aparece. Ela é atenciosa e amigável. Ela ama Jesus e é esforçada. Ela está interessada nesse trabalho. O que faz um bom dirigente de ministério infantil?

Duas qualidades essenciais

Mais abaixo, abordaremos vários conjuntos de habilidades e responsabilidades relacionadas a esse papel, mas vamos começar com duas qualidades necessárias. Se o seu candidato não tiver essas duas, nem se preocupe em apresentar a descrição do trabalho a ele. Será uma perda de tempo! (Nota: Este exemplo envolve uma mulher, mas já vimos esse papel ser ocupado por homens, mulheres e até mesmo casais!)

Um dirigente de ministério infantil deve ser um *cristão nascido de novo* (Jo 3.3). Ramona deve ser uma mulher piedosa que ama fervorosamente e intensamente a Cristo. Se você está colocando-a diante de seus filhos semanalmente para servir de exemplo do evangelho e da fé cristã, você quer ter certeza de que ela tem uma fé vibrante, não incipiente.

---

1 N. E.: Nos Estados Unidos, é comum haver contratação de membros para trabalharem de forma remunerada nas mais diversas funções da igreja. Essa prática evita a rotatividade de pessoas em ministérios eclesiásticos, já que aquele que serve não precisa dividir o seu tempo entre o servir e um outro trabalho.

Um dirigente de ministério infantil deve ser um *membro de sua igreja*. Ela é mais do que uma contratada; ela é uma filha de Deus que precisa desesperadamente da graça de Deus. Ramona é um membro da igreja que se comprometeu a lutar pela fé e cuidar dessas crianças. Você deve querer que os principais líderes do seu ministério sejam moldados e formados pela pregação em sua igreja. A participação regular no culto de adoração posiciona o dirigente do ministério infantil a passar a visão do pastor principal para suas crianças.

O dirigente do ministério infantil deve ser solteiro ou casado?

Não é uma exigência que o dirigente do ministério infantil seja casado ou tenha filhos. Você pode pensar: *Seria ótimo ter uma mãe ou pai (ou ambos), porque eles terão experiência pessoal em criar filhos.* Uma mãe ou pai pode ter uma visão mais madura das crianças, mas eles também podem ser dominados por compromissos com sua família (1Co 7.34). Uma pessoa solteira (sem filhos) tem maior flexibilidade de horário e talvez possa permanecer mais focada na tarefa, e é muito menos provável que se ocupe de outras coisas. No entanto, ela pode se esforçar demais. Ela pode usar sua liberdade e flexibilidade para se estender demais.

Expectativas para um dirigente de ministério infantil

O que deve compor a descrição de tarefas típica de um DMI? Considere estas sete responsabilidades. Nota: Não entre em pânico se você perceber que seu dirigente do ministério infantil tem algumas fraquezas ou limitações ao ler esta lista. Delegue algumas dessas tarefas a uma segunda pessoa. Por exemplo, você pode ter um coordenador de currículo que sirva ao dirigente do ministério infantil. No entanto, tenha em mente que a primeira expectativa nesta lista é fundamental.

1. *Administração*

Há uma razão para esta ser a primeira. Seu DMI é responsável por manter o ministério funcionando. A administração é o motor que mantém

72 | MINISTÉRIO INFANTIL

a máquina funcionando sem problemas. Então, seu DMI deve ser capaz de solucionar problemas com graça. Ele deve ser organizado, mas também flexível e bom com logística. Ele é tão bom que poderia coordenar o quinto batalhão dos Fuzileiros Navais dos Estados Unidos ou coordenar seu ministério infantil, e ele escolheu graciosamente o último.

2. Iniciativa

Ao escolher um DMI, procure uma pessoa que resolva as coisas. Um DMI toma medidas, organiza, planeja e executa sem precisar que você o direcione a cada etapa do caminho. Quando eu (Marty) comecei servindo como pastor das crianças, as miudezas do ministério infantil levavam muito do tempo. Passei um tempo comprando lanches, recrutando substitutos e ligando para as pessoas quando tínhamos um caso de piolhos em uma de nossas salas de aula. Hoje, toda a nossa operação funciona sem mim. A menos que haja um desafio fora do comum, a equipe do ministério infantil não me liga. Isso me permite concentrar atenção na visão geral do nosso ministério, na preparação de currículos e na prestação de cuidados pastorais a nossos trabalhadores e famílias.

3. Coordenação de currículo

Ramona (em nome da igreja) compra materiais para os professores da escola dominical ou trabalhadores do departamento infantil. Ela sabe o que procurar em um currículo — um bom currículo é rico do evangelho, tem mentalidade bíblica e se alinha com as principais prioridades de sua igreja.

4. Formação de professores

Ramona não apenas compra o material, mas também garante que ele seja ensinado de uma maneira atenciosa e envolvente em termos de desenvolvimento. A pior coisa que um DMI pode fazer é despejar um currículo nos professores e dizer: "Boa sorte". Muitas vezes, os voluntários não são professores profissionais nem diretores de acampamentos de verão, mas carteiros, advogados, contadores, encanadores e motoristas de táxi (no meu caso

— Deepak — um dos monitores do ministério infantil também era o diretor do Serviço Secreto! Nem é preciso dizer que nos sentíamos seguros quando ele estava por perto). Assim, o DMI treina os voluntários para (por exemplo) gerenciar uma sala de aula de duas dúzias de crianças. O treinamento é uma ferramenta importante no arsenal do DMI!

5. Planejamento de eventos

Todo culto de domingo é um grande evento para o seu ministério. Há muita energia, esforço e pensamento empregados em um domingo. O ministério infantil reúne muitos voluntários, ensino, atividades, jogos, comida e muito mais!

Se você espera que seu DMI dirija uma Escola Bíblica de Férias, lembre-se de que uma EBF é o ministério infantil anabolizado, que dura uma semana inteira, cheia de ação, de tirar o fôlego, sem parar. Você precisará de uma pessoa que seja uma organizadora de eventos talentosa para montar uma EBF.

6. Recrutamento

À medida que os voluntários saem ou vão para outro ministério da igreja, seu DMI trabalha para encontrar substitutos. Um DMI eficiente tem um coração voltado para recrutar, apoiar e incentivar. Os voluntários não são apenas carne nova. Eles são imagem de Deus, que têm preocupações, mágoas e problemas. O DMI cuida deles, não os usa. Embora o DMI assuma a responsabilidade pelo recrutamento geral, todo ministério passa por épocas em que você experimenta um déficit mais significativo de trabalhadores.

Na minha igreja (de Marty), perdemos trinta líderes e trabalhadores do ministério infantil quando iniciamos uma grande plantação de igreja. Eram algumas das nossas melhores pessoas. Devido à grande necessidade, toda a nossa equipe de liderança se envolveu em um impulso para preencher as lacunas deixadas no envio de alguns dos nossos melhores para a plantação.

7. *Manutenção das regras*

Como um oficial da lei, o DMI mantém a "lei local" e reforça as políticas e procedimentos do ministério. As políticas são necessárias — tudo, desde as precauções universais de saúde e segurança até as diretrizes de uso do banheiro. Seu DMI é a principal pessoa a se preocupar se os professores e voluntários da igreja estão cumprindo as políticas. Os voluntários nem sempre se lembrarão do que devem fazer, então perguntarão ao DMI.

Tomás, um homem solteiro de vinte e poucos anos ensinando em uma classe de escola dominical de primeira série, pergunta a Ramona: "Quais são as regras do banheiro mesmo?" ou "O que você faz quando uma criança não faz o que você pede?". Que oportunidade! Ramona começa a ensinar a esse voluntário como corrigir uma criança de maneira amorosa e apropriada. Que excelente oportunidade para aquele jovem aprender com uma experiente líder do ministério infantil!

Considere essas sete partes da descrição do trabalho do DMI. Para fazer tudo isso, Ramona precisa ser a Supermulher, ou ela precisa depender diariamente da graça de Deus e da caridade da igreja. Há muita coisa aqui, e se não tivermos cuidado, vamos esgotá-la. Como estabelecemos expectativas razoáveis e ajudamos Ramona a fazer seu trabalho, sem a deixarmos louca?

COMO EVITAR O ESGOTAMENTO DO DIRIGENTE DO MINISTÉRIO INFANTIL

Com lágrimas nos olhos, Janete compartilhou ao telefone: "Não consigo mais fazer isso".

Aos trinta e poucos anos, casada e com dois filhos, Janete tem trabalhado como diretora do ministério infantil de uma igreja de médio porte no Centro-Oeste americano. Ela deveria trabalhar meio período, mas estava mais para o trabalho em tempo integral de muitas semanas, porque havia muito o que fazer. Na maioria dos dias, ela ama seu trabalho, mas o último ano tem sido difícil.

Dirigentes do ministério infantil organizam e executam | 75

Como um soldado cansado das batalhas, Janete não tinha mais nada para dar. Aqui está o que contribuiu para sua queda:

- Ela está frequentemente com falta de voluntários. Ela está desesperada por ajuda e acha que a congregação não a apoia. Eles não entendem quanta necessidade há no ministério infantil.
- Se algo der errado em um domingo, como um voluntário adoecendo de última hora, ela fica como reserva. Ela está constantemente tapando buracos em uma represa sempre vazando.
- Ela não tem ninguém que a ajude a supervisionar o ministério infantil aos domingos. É basicamente o *Show da Janete*. Ela dá as ordens, organiza os voluntários, prepara as coisas com antecedência e limpa as coisas depois.
- Tudo isso faz com que ela raramente vá aos cultos da igreja para ouvir o sermão. Ela não se lembra da última vez que foi capaz de assistir a todo o culto da igreja ininterruptamente.
- A liderança pastoral raramente presta atenção ao ministério infantil ou ao seu trabalho e não percebe que ela está com dificuldades. Ninguém está reclamando, e todos amam Janete.
- Ela raramente tira férias ou recebe uma folga. Ela está presente e trabalha em 50 ou 51 das 52 semanas do ano.
- Seu envolvimento na igreja é reduzido apenas ao ministério infantil. Ela é boa no que faz, mas ela *só faz isso* na igreja. Ela não faz parte de um pequeno grupo. Ela não entrou em um estudo bíblico quando convidada. Ela raramente se encontra com outras mulheres cristãs para comunhão ou prestação de contas.

Janete está sobrecarregada e desvalorizada — não surpreende que esteja pronta para jogar a toalha.

Nos últimos meses, houve um tique-taque soando em seu ministério infantil, e você não percebeu isso. Ela tem sido uma bomba-relógio ambulante, pronta para explodir a qualquer momento. A menos que você entre rapidamente com alguma ajuda, Janete se tornará outra em uma longa lista de vítimas do DMI.

Você já notou a alta rotatividade na posição de DMI em sua igreja? Por que o DMI não fica por dez ou vinte anos? Se você é o DMI, consegue se identificar com a história de Janete? Que tipo de amor, treinamento e apoio faria as Janetes deste mundo ficarem mais tempo?

Ofereceremos seis sugestões de como cuidar de Janete e garantir que ela nunca fique sobrecarregada. Esta lista não pretende ser definitiva. Seja você um pastor, o DMI ou um pai, você precisará pensar criativamente sobre como fazer ajustes e adaptá-los ao seu contexto. Mas essas sugestões ajudarão a provocar seu pensamento sobre como manter seu DMI emocional e espiritualmente saudável a longo prazo.

1. Pastoreie a alma do DMI, não apenas seu trabalho

Como pastor ou líder responsável pelo ministério infantil, a tarefa mais importante que você tem é o cuidado com os servos que realizam o trabalho. Mantenha-os saudáveis e felizes, e tudo correrá bem em seu ministério.

Embora Janete precise fazer o trabalho dela, a coisa mais vital sobre sua vida não é seu trabalho, é sua alma. Ela é antes de tudo uma cristã nascida de novo, uma filha de Deus e uma nova criatura em Cristo. Um DMI muitas vezes escolhe preencher lacunas, trabalhar horas extras e assumir responsabilidades negligenciadas por outros em prejuízo próprio. Às vezes, haverá domingos loucos quando parece que nada correu de acordo com o plano, e seu DMI teve que intervir para salvar o dia. Mas se ela está intervindo todos os domingos, alguém precisa estar ciente. Se você é o pastor dela, esse alguém é você.

Tenha em mente que seu DMI também tem dificuldades fora da sala de aula. Ele pode estar fazendo um excelente trabalho como diretor: os pais estão felizes, os voluntários estão fazendo um bom trabalho e as crianças adoram participar dos programas infantis da igreja. Mas se o desempenho do DMI é nota 10, mas a alma dele está reprovando, então estamos falhando com ele.

Podemos e devemos fazer melhor. Devemos nos importar mais com o relacionamento dele com Cristo do que com o desempenho no trabalho. Quem ele é em Cristo importa muito mais do que o que ele faz por Cristo. Jesus se importa se Janete o ama. Devemos nos importar o suficiente para perguntar a Janete regularmente: "Como está seu relacionamento com Cristo?" ou "Como seu amor por Jesus tem crescido?". Perguntar tais coisas mostra que a vida espiritual de Janete realmente importa.

Certifique-se de que Janete esteja crescendo na Palavra e buscando seu Salvador. Encoraje-a e direcione sua esperança para Cristo. Peça a ela que confie que Cristo é suficiente para seus problemas. Fortaleça-a com a verdade quando o Maligno a desencorajar ou a tentar com dúvidas. Ore por ela e com ela.

Como seria irônico para Janete desenvolver amargura contra Jesus (e sua igreja) enquanto ela está trabalhando em tempo integral como DMI em sua igreja. Esse, então, é o nosso primeiro objetivo: garantir que nosso DMI mantenha um amor vibrante por seu Salvador.

2. O DMI deve ser generoso em delegar responsabilidade aos membros

Janete não pode fazer tudo. Se ela tentar fazer tudo, irá desmoronar sob o peso da responsabilidade. Então, por que o DMI tentaria fazer isso? Talvez seja por um sentido equivocado de fidelidade, ou sua identidade está ligada à sua posição. Ou pode ser que ele não seja eficaz em delegar. Outras vezes, um DMI está definhando sob as altas expectativas dos líderes ou pais em relação ao ministério infantil. Independentemente do motivo, não é saudável um DMI fazer tudo. Precisamos ajudar nosso DMI a delegar tanta responsabilidade quanto possível aos membros da igreja.

A última coisa que você quer é que o DMI seja um viciado em controle e a solução para todos os problemas. Ajude Janete a definir uma meta de delegação de responsabilidades para outros ajudantes, de tal forma que seu papel pareça mais com um dirigente esportivo. Ela coordena e supervisiona diferentes "treinadores" e "equipes", em vez de ser a única pessoa a comandar todo o show. Ela não é tímida, mas é assertiva em dar oportunidades aos outros.

78 | MINISTÉRIO INFANTIL

Quando Adriana (DMI da minha igreja) veio até mim (Deepak) e perguntou se poderia visitar sua irmã em um fim de semana e perder um culto de domingo, eu gritei: "Oh meu Deus, Sim!". Adriana ficou surpresa com a minha empolgação. Eu pensei: *que oportunidade de ouro*. Eu queria que Adriana visse que nosso programa de ministério infantil seria mais saudável se pudesse funcionar sem ela estar presente. Isso seria um bom sinal de que não estamos dependentes demais dela para o funcionamento de nossos programas. O DMI deve delegar responsabilidades de modo que o ministério infantil seja capaz de funcionar sem o DMI, o que nos leva à nossa próxima sugestão.

3. Monte uma equipe competente e talentosa em torno de seu DMI

O FBI e a CIA têm seus pequenos segredos. Vamos dar a você um dos nossos. Está pronto? Está sentado? *Os diáconos podem transformar o seu ministério infantil.*[2] Na Bíblia, o termo "diácono" refere-se a um oficial da igreja (semelhante a um pastor/presbítero) e descreve alguém que serve a uma necessidade específica em nome da igreja. Em Atos 6, quando as necessidades das viúvas estavam sendo negligenciadas, os apóstolos reuniram os discípulos e escolheram sete homens "cheios do Espírito e de sabedoria" (v. 3) para cuidar dessa necessidade prática.

Os voluntários são uma ajuda maravilhosa, mas nem sempre são estáveis ao longo dos anos. Ao montar um ministério voluntário, as pessoas podem chegar e sair quando quiserem, porque não há um ofício formal para o qual sejam designadas.

No entanto, uma equipe de liderança mais formal pode estabilizar o seu ministério infantil a longo prazo. Em algumas igrejas, isso significa desenvolver papéis diaconais junto ao DMI. Em outras, pode ser a contratação de uma ou duas pessoas remuneradas em tempo parcial. Outras podem criar funções únicas para sua situação, como um coordenador de berçário ou instrutor de

---

2 Se você deseja pensar mais sobre diáconos na igreja local, veja o livro de Matt Smethurst, *Diáconos: como eles servem e fortalecem a igreja* (São Paulo: Vida Nova, 2022).

Dirigentes do ministério infantil organizam e executam | 79

professores para sua escola dominical. Monte uma equipe de pessoas competentes em torno do DMI, pessoas que assumam o ministério.

Você pode pensar em termos de um xerife que convoca uma ou duas pessoas em sua comunidade para ajudar no combate ao crime — ele formalmente dá a elas a responsabilidade de trabalhar ao lado dele. Ele coloca uma estrela na camisa delas e as leva consigo na próxima investigação criminal.

Este é o nosso terceiro objetivo: Peça ao seu "xerife" DMI para designar membros suficientes para montar uma equipe que ajude a administrar o ministério infantil. Nunca deixe seu DMI ficar sozinho como o único líder.

Aqui estão duas dicas práticas sobre a construção de uma equipe de ministério infantil. Primeiro, procure um assistente talentoso para o seu DMI, alguém que possa ser treinado para assumir o ministério quando o seu DMI estiver ausente ou doente. Hoje é o melhor dia para começar a preparação para a transição de amanhã. Seu ministério pode funcionar como um time de futebol. Se o atacante se machucar, o treinador não entra. Ele manda o reserva, o substituto do jogador. O reserva conhece as táticas e participa de todos os treinos com o time. Ele está pronto para entrar em poucos minutos. Quem é o atacante substituto para o seu DMI?

Em segundo lugar, seu substituto precisa de um substituto. Na minha igreja (Marty), temos um DMI, um assistente do DMI e uma equipe de coordenadores das várias faixas etárias. Se o DMI estiver impedido, o substituto entra em ação e um dos coordenadores entra na função de substituto. Se o nosso DMI tiver uma emergência familiar, por exemplo, todo o processo acontece sem envolvimento pastoral. Isso me libera como pastor do ministério de famílias para cuidar do DMI enquanto o ministério infantil continua sem interrupção.

4. Certifique-se de que a equipe de liderança do ministério infantil seja composta por membros ativos e saudáveis de sua igreja

Não deixe que a vida espiritual de Janete, seus substitutos e quaisquer líderes girem exclusivamente em torno de seu trabalho no ministério infantil. É uma

80 | MINISTÉRIO INFANTIL

maneira rápida de sufocá-los espiritualmente. Há mais em Janete e sua equipe do que o ministério infantil.

Por que garantir que as pessoas da sua equipe sejam todos membros da sua igreja? O processo de membresia garante que você conheça as pessoas antes de colocá-las em posições de liderança.[3] A membresia os torna responsáveis perante a liderança da sua igreja. Também é uma ótima maneira de garantir que um predador não consiga ocupar rapidamente uma posição como líder em seu ministério. Se você contratar uma pessoa sem a segurança de conhecê-la por meio de um histórico de membresia de longa data, ela conseguiu evitar uma profunda análise de caráter. Se ela é relativamente nova em sua congregação, será útil descobrir se era um membro ativo e saudável em sua igreja anterior.

Como membro da igreja, Janete assumiu um compromisso consciente com esse corpo local de crentes, de caminhar ao lado de outros membros. Ela os ajuda a crescer em Cristo, e eles também a ajudam nisso. Eles coexistem como uma cooperativa espiritual, encorajando-se mutuamente a perseverar e caminhar juntos rumo ao céu.

Se Janete passar todo o seu tempo nas salas do ministério infantil, mas nunca participar dos principais cultos de adoração, ela nunca ouvirá o sermão. Ela ressecará espiritualmente se não for alimentada de forma consistente. Ouvir o sermão é como comer uma refeição nutritiva — isso a mantém espiritualmente saudável. Se ela não comer uma refeição saudável todo domingo, ela morrerá de fome. Se ela nunca conseguir cantar com a congregação, orar junto com as orações comunitárias ou ouvir o sermão do pastor, ela não realinha seu coração segundo a verdade espiritual. Deus estabeleceu um ritmo semanal para a vida de Janete — participar de um culto de adoração dominical renova Janete e a prepara para enfrentar as provações e tribulações da próxima semana. *Certifique-se de que seu DMI possa participar regularmente dos cultos de adoração da igreja.*

---

3 Para aprender mais sobre membresia, veja o excelente livro de Jonathan Leeman, *Membresia na igreja: como o mundo sabe quem representa Jesus* (São Paulo: Vida Nova, 2016).

Janete vê os voluntários da igreja, pais e crianças regularmente por causa de seu trabalho. Ela tem interações agradáveis, mas superficiais. Raramente alguém pergunta a ela: "Como você está espiritualmente?". Como todo crente, ela precisa de uma amizade íntima com outras pessoas que conhecem sua vida e a quem presta contas. Ela deve ter algumas pessoas que conhecem suas alegrias e fardos, esperanças e sonhos, frustrações e desejos. Ela afia outras mulheres espiritualmente, e elas a afiam. Seus amigos cristãos mais próximos a desafiam a confessar seu pecado, cavar fundo na Palavra e confiar em seu Salvador quando as coisas ficam difíceis. Mas ela não pode fazer isso se sua vida gira em torno de seu trabalho e todos os seus relacionamentos na igreja são superficiais. *Certifique-se de que seu DMI esteja crescendo em seu relacionamento com outros crentes na igreja.*

Enfatizamos as reuniões públicas e suas conexões pessoais, mas certifique-se de que Janete esteja evangelizando, mostrando hospitalidade e fazendo qualquer coisa que membros normais devem fazer.

5. Seja abundante no encorajamento ao DMI

Você é mesquinho com seu apoio ao seu DMI? Como seria se Janete se sentisse total e completamente apoiada e amada por sua liderança pastoral? Quando você se reúne com seu DMI, você dedica algum tempo para agradecer-lhe por seu trabalho? Se tivéssemos uma balança e colocássemos seus encorajamentos como pesos em um lado da balança, eles superariam em muito seus ajustes e correções do outro lado? É esse o intuito.

Aqui estão outras maneiras de encorajar seu DMI.

Confie no julgamento de Janete. Se você é o pastor, e você confiou a ela um trabalho a fazer, então não diminua sua autoridade. Se você disser a ela: "Faça o trabalho A; eu não tenho preferências", então você não deve manipular, reorganizar ou refazer o trabalho dela. Se fizer isso, mostrará que não confia nela.

82 | MINISTÉRIO INFANTIL

Quando as coisas estiverem difíceis, esteja ao lado dela. Não a deixe lutar sozinha. Certifique-se de que ela saiba que você a apoiará, especialmente quando as coisas ficarem difíceis.

Proteja Janete de "dardos e flechas" que ela enfrentará em seu trabalho. Quando os pais ficam com raiva ou outros trabalhadores ficam frustrados, não os deixe descontar em Janete ou repreendê-la. Intervenha quando for apropriado — tenha as conversas difíceis por ela sempre que puder. Uma excelente maneira de se manter a par desses momentos desafiadores é exigir que seu DMI relate conflitos ou problemas no mesmo dia. Isso permite ao pastor intervir. Se um pai explode com seu DMI, é uma oportunidade de cuidado pastoral. Muitas vezes, isso revela uma questão mais profunda em uma ou ambas as vidas, questão que requer pastoreio, não administração.

Ofereça encorajamento constante. Seja especialmente claro quando Janete fizer bem alguma coisa — valorize-a por um trabalho bem feito. E encontre maneiras grandes e pequenas de oferecer incentivo. Minhas três filhas (de Deepak) descobriram que nossa DMI (Adriana) ama barras de figo com sabor de maçã e canela. Quando fomos ao supermercado, Noelle e Eden disseram: "Papai, olha!". Elas estavam apontando para um pacote de — sim, você adivinhou — barras de figo sabor maçã e canela. Compramos uma caixa, e uma vez a cada duas semanas, as meninas dão a Adriana duas barrinhas de figo. Não é algo revolucionário. Isso não muda radicalmente o mundo dela. Mas é um pequeno gesto de bondade, uma maneira simples de dizer a ela: "Nós amamos e valorizamos você".

Procure organizar eventos para incentivar toda a equipe e agradecer-lhe por seu serviço. Todos os anos, eu (Marty) convido nossa equipe de ministério infantil para nossa casa para um piquenique de verão. Nós organizamos um jantar de Natal a cada dezembro. Durante esses momentos, desfrutamos uma refeição, jogamos alguns jogos, e aproveito a oportunidade para agradecer-lhes por seu serviço com presentes. Faço um retiro de dois dias em uma pousada local para nossa equipe de liderança principal na primavera.

Durante esse breve retiro, compartilhamos refeições, revisamos um ou dois capítulos de um livro que lhes dei com antecedência e, em seguida, passamos uma hora ou mais revisando o estado do ministério e debatendo novas ideias que nos permitirão melhorar e crescer. Esses momentos ajudam a melhorar a saúde da equipe, fazem com que eles se sintam encorajados e apreciados e ajudam tremendamente na retenção de líderes. Sempre que alguém considera sair de sua posição, eu quero que seja uma decisão difícil, sabendo que eles vão sentir muita falta do incentivo constante e das bênçãos que vêm com a liderança no ministério infantil.

6. Certifique-se de que seu DMI tenha folgas

Ter muito trabalho sem pausas não é saudável para alma nenhuma, muito menos um DMI. Faça tudo o que puder para garantir que eles tenham uma folga das pressões diárias de seu trabalho.

Os domingos são muitas vezes agitados, com programas infantis funcionando ao longo do dia. Um DMI trabalha muito no domingo — é necessário estar presente no ministério infantil e resolver questões aos domingos.

Assim, dê ao seu DMI, se for um funcionário em tempo integral, muita flexibilidade na segunda-feira, idealmente tirando esse dia de folga. Deixe Janete desacelerar e descansar um pouco, especialmente porque os domingos não são tranquilos. Deixe-a se atualizar em seu estudo bíblico pessoal, nos afazeres de casa ou em seu tempo com amigos.

Se o seu DMI for voluntário ou receber uma pequena bolsa, você não poderá tratá-lo como um funcionário em tempo integral. Se você paga Janete para servir aos domingos, não suponha que ela também poderá olhar as crianças na reunião de casais ou que ela será responsável por sua EBF. É desafiador assumir o ministério infantil junto com outro trabalho em tempo integral. Na minha igreja (de Marty), nosso DMI (voluntário) só lidera nosso ministério dominical. Temos outro líder em nossos programas no meio da semana e uma terceira pessoa que dirige nossa EBF. Com mais de 250 crianças em nosso programa de domingo pela manhã, nosso

DMI não tem capacidade para assumir os cuidados com as crianças no meio da semana. Ele e sua esposa têm sua própria família e se voluntariam para liderar o ministério infantil. Nós damos a eles uma pequena bolsa mensal como agradecimento. Como não os sobrecarregamos, eles servem como DMI há uma década.

Certifique-se de que seu DMI tire férias. Digamos que Janete está trabalhando o ano todo, com pouca ou nenhuma pausa. Faça-a se afastar periodicamente das pressões diárias. Nada de e-mails ou telefonemas. Muito sono extra. Um livro de ficção divertido e edificante. Muitas risadas. Alguns jogos de tabuleiro ou uma reprise de seu filme favorito. Diga a ela para sair para jantar com a família ou para longas caminhadas com o marido. É isso que faz uma boa pausa do estresse da vida normal.

UM DMI SAUDÁVEL SIGNIFICA UM MINISTÉRIO INFANTIL MELHOR

Embora não tenhamos uma resposta para resolver os problemas de todas as igrejas, a receita para um DMI saudável não é tão difícil de descobrir. Mantenha Janete firmada em Cristo. Certifique-se de alimentá-la espiritualmente. Nunca a deixe isolada e sozinha em suas responsabilidades. Ajude a construir uma equipe sólida ao redor dela. Incentive a delegação de tarefas aos membros da sua igreja. Incentive, incentive e, em seguida, incentive um pouco mais tudo aquilo que ela resolver fazer.

A Deus seja a glória. Ao cuidarmos de nossa DMI, servimos a toda a igreja, não apenas a Janete.

AUTOAVALIAÇÃO: ESGOTAMENTO DO DMI

Pastores: Seu DMI parece esgotado? Se parece, que ajustes você precisa fazer?

DMI: Você lê a descrição do trabalho e pensa: *estou fazendo coisas demais* ou *não consigo dar conta de tudo*? Você está emocionalmente e espiritualmente exausto? Em que área você precisa delegar responsabilidade aos membros? Você consegue montar uma equipe competente ao seu redor, e, se consegue, que medidas você precisa tomar? Você está participando dos cultos da igreja regularmente para ouvir o sermão e orar com a congregação?

Pais: Você consegue ir ao seu DMI e perguntar: "O que posso fazer para ajudar?". (Tenha cuidado, ele pode cair da cadeira, já que ninguém nunca faz essa pergunta!)

CAPÍTULO 6

MEMBROS MANTÊM O MINISTÉRIO INFANTIL

Sílvia tem 68 anos e é afro-americana. Ela é a mulher mais gentil que você conhecerá na vida. Ela dá aulas na turma de jardim da escola dominical na mesma igreja há trinta anos. Ela já teve quatro pastores diferentes, e ela provavelmente vai durar mais do que os próximos dois ou três.

Tiago tem 21 anos e é coreano. Ele é um veterano na Universidade de Wisconsin. Ele é voluntário na classe das crianças de dois anos. Ele gosta de ler histórias para as crianças e montar quebra-cabeças com elas. É comum encontrar várias crianças ao redor dele enquanto ele lê a Bíblia para crianças.

José tem 35 anos e é latino. Ele é mestre de obras na construtora Sherman durante a semana. Aos domingos, ele é um monitor no corredor do ministério infantil uma ou duas vezes por mês. Seu primeiro trabalho é garantir que os andares fiquem seguros, mas ele também é mão de obra extra se um professor precisar de ajuda.

Sarah tem 45 anos e é caucasiana. Ela tem filhos adolescentes. Ela gosta de servir ao lado de suas filhas Lydia e Eden na sala do berçário. Ela sente falta de ter bebês em sua casa!

Sílvia, Tiago, José e Sarah estão na mesma igreja local, a Cornerstone Bible Church em Suneville, Wisconsin. Como igreja, eles se comprometeram

88 | MINISTÉRIO INFANTIL

a investir um no outro. Há um forte senso de comunidade na igreja — as pessoas realmente se importam com o que está acontecendo com seus irmãos membros. O pastor Tiago Johnson costuma dizer do púlpito: "Não vivam esta vida cristã sozinhos! Certifique-se de viver a vida com os crentes ao seu redor".

Uma vez por mês no culto de adoração, os membros da Cornerstone se levantam e recitam as palavras de seu pacto de igreja. Um pacto é um breve resumo de como os membros pretendem viver como cristãos. No meio do pacto, se diz: "Esforçaremo-nos para liderar aqueles sob nossos cuidados na disciplina e admoestação do Senhor, bem como para buscar a salvação de nossa família e amigos". Essa linha não se aplica apenas aos pais, mas a todos os membros da igreja. Como Sílvia costuma dizer às jovens que ela discipula: "Como igreja, assumimos a responsabilidade uns pelos outros, e isso inclui os pequeninos".

O apóstolo Paulo comparou a igreja a um corpo com cada parte servindo de acordo com os dons que o Senhor concedeu:

> Porque assim como num só corpo temos muitos membros, mas nem todos os membros têm a mesma função, assim também nós, conquanto muitos, somos um só corpo em Cristo e membros uns dos outros, tendo, porém, diferentes dons segundo a graça que nos foi dada: se profecia, seja segundo a proporção da fé; se ministério, dediquemo-nos ao ministério; ou o que ensina esmere-se no fazê-lo; ou o que exorta faça-o com dedicação; o que contribui, com liberalidade; o que preside, com diligência; quem exerce misericórdia, com alegria.
> (Rm 12.4-8)

Pessoas diferentes têm dons diferentes, mas é preciso que todos trabalhem juntos para que o corpo funcione bem. Quando você considera que o ministério infantil médio é composto pelos 20% a 25% dos participantes de sua igreja mais necessitados (as crianças), é fácil ver como é uma operação de "todas as mãos à obra"! Para que você tenha um ministério infantil

Membros mantêm o ministério infantil | 89

próspero, seus membros devem estar dispostos a fazer sua parte. Os pais têm um incentivo para construir um ministério infantil centrado no evangelho porque querem que seus filhos conheçam a verdade. Mas eles não podem ser os únicos membros a contribuir! *Para que o ministério infantil prospere, precisamos que outros membros (não apenas os pais) participem.*

Os pastores apresentam uma visão para a próxima geração que pode mobilizar os membros a servir. A equipe do ministério infantil são as mãos e os pés no chão, organizando e executando para fazer o ministério infantil acontecer. E se a equipe constrói a treliça, os membros aparecem e fazem o trabalho de ensinar, instruir e vigiar as crianças. São os membros comuns do dia a dia que mantêm o ministério infantil seguindo por sua presença, energia e esforços amorosos. Eles são o combustível no motor que faz a coisa toda funcionar.

Talvez sua igreja esteja funcionando bem, como o trabalho em Cornerstone, ou talvez você tenha acabado de assumir o ministério e precise fazer uma revisão completa. Você tem meia dúzia de professores comprometidos, mas é só. Todos os domingos, você tenta arregimentar mãos extras suficientes para atender aos requisitos mínimos de dois adultos por sala de aula. Precisa de mais voluntários, mas não sabe por onde começar.

O que é preciso para recrutar, treinar, nutrir e reter voluntários para que possamos construir um ministério infantil vibrante? Esse é o tópico que abordaremos neste capítulo. Converse com qualquer treinador de uma equipe esportiva universitária menor e você o ouvirá dizer: "Um programa vive ou morre dependendo de quem ele recruta". Isso vale para o ministério infantil. Se você não recrutar bem para o ministério infantil, você acabará tendo problemas.

ABORDAGENS DIVERSAS PARA O RECRUTAMENTO

Há uma variedade de maneiras de recrutar voluntários. Como você verá, algumas delas são problemáticas, baseadas no pânico ou no sentimento de culpa, enquanto outras são mais holísticas e úteis, concentrando-se em nutrir uma visão do ministério para a próxima geração. Vamos ver como Ramona (a diretora do ministério infantil da Cornerstone Bible Church) pode recrutar membros.

A abordagem forçada

Ramona pode implorar, repreender ou fazer os membros se sentirem culpados para que assim participem. No entanto, em nossa experiência, isso não será frutífero a longo prazo. Se ela forçar os membros a se envolverem, ela terá altas taxas de atrito, o que significa que seu problema de recrutamento nunca desaparecerá. Esses membros forçados aparecerão atrasados ou não aparecerão. Eles não queriam estar lá para começar, e não sabem por que devem servir.

Soar o alarme

Soar o alarme é mais ou menos assim: "Estamos DESESPERADOS por mais ajuda nas aulas das turmas dos maiores. Se não conseguirmos ajuda, precisaremos encerrar os programas. Não PODEMOS CONTINUAR se não conseguirmos mais ajuda!". (Imagine Ramona com lágrimas nos olhos e suor escorrendo pela testa.)

Se ela parece em pânico toda vez que pede ajuda, sua igreja eventualmente fica surda aos seus apelos. Ameaças desesperadas recorrentes de encerrar o ministério ficam parecendo um blefe. Ninguém acredita que ela encerraria o programa. Seu alarme se torna como o apito do trem que soa dos trilhos próximos à sua casa; em breve, você nem sequer o ouve mais.

O método de pagamento pelo serviço

Ela pode pagar para os membros da igreja cuidarem das crianças. A compensação por cuidados infantis não é moralmente errada; na verdade, é apropriada, se você estiver cuidando dos filhos dos seus vizinhos enquanto eles saem para um jantar. No entanto, se os líderes da igreja estabelecem um sistema de compensação em troca de tempo voluntário, isso diminui o senso de responsabilidade que os membros têm uns pelos outros, incluindo crianças em sua comunidade eclesiástica. Os membros que aparecem precisam de renda extra; eles não são exclusivamente motivados por sacrifícios em nome do evangelho. A compensação usurpa as motivações cristãs dos membros.

Embora todos esses métodos possam colocar pessoas novas na sala de aula, nenhum resolve seu problema maior: dar aos seus filhos o melhor cuidado e instrução motivados pelo evangelho que sua igreja pode fornecer. Então, o que resta?

Informe, inspire e ore

O ministério infantil é como qualquer outro ministério evangélico. Se Ramona quer que as pessoas fiquem animadas para participar, ela tem que informá-las da necessidade e inspirá-las a participar da oportunidade. É assim que levamos as pessoas a doar para um fundo de construção, evangelizar, convidar seus vizinhos para a igreja e como os motivamos a vir mais cedo para ajudar a arrumar as cadeiras no domingo de manhã como parte da equipe de preparação.

Antes de seus membros se inscreverem para servir às crianças, eles precisarão de informações. Quantas crianças há na igreja? Qual é a visão do ministério — o objetivo maior que informa o tipo de cuidado e instrução que você deseja fornecer? Qual é a necessidade — quantas vagas em aberto você tem? O objetivo é convidá-los para o processo e acolher suas orações. Ramona quer que a congregação saiba que a equipe do ministério infantil não é "problema de outra pessoa". Em vez disso, ela quer que eles vejam isso como "nossa oportunidade e chamado".

A melhor maneira de informar a igreja é dar atualizações periódicas sobre o ministério. Compartilhe atualizações nas manhãs de domingo, em informativos trimestrais por e-mail, em seu boletim dominical impresso ou em sua assembleia de membros. Lembre-se de adicionar incentivo e variedade para manter a atenção das pessoas. Você não quer que a igreja apenas ouça sobre sua necessidade de mais voluntários; caso contrário, eles ignorarão Ramona. Eles devem ouvir os testemunhos do que Deus está fazendo e como o Senhor tem sustentado. Você terá as vagas restantes preenchidas mais rápido quando inspirar sua congregação.

Ramona (ao lado de seu pastor Tiago Johnson) pode inspirar sua igreja com essa oportunidade de praticar o evangelho. Muitas das crianças não são cristãs. Elas vêm junto com seus pais, ouvindo e participando dos programas infantis. Ao longo de muitos anos, essa será a oportunidade evangelística mais consistente oferecida à igreja.

Ramona também deve dizer aos seus membros que essa é uma oportunidade de crescimento. Toda vez que Deus nos pede para servir aos outros, é uma chance de negar nosso egoísmo e, com humildade, aprender a colocar os outros em primeiro lugar (Fp 2.3-4). Queremos ver o ministério da maneira que Deus vê — como serviço a todo o corpo. Quando cada parte do corpo faz a sua função, o corpo cresce, à medida que se edifica em amor (Ef 4.16). Deus molda e transforma esses membros da igreja à sua imagem pelo que ele lhes pede para fazer, incluindo servir no ministério infantil.[1]

Não há necessidade de entrar em pânico, manipular ou implorar por ajuda. Se a confiança de Ramona está em Deus e ela não tem medo, então tudo o que é necessário é um pedido equilibrado de ajuda. Ela deixa as necessidades claras para a igreja. Lembra os membros de seu compromisso de criar essas crianças juntos. Ora pela provisão de Deus. E então confia nele para trazer trabalhadores adequados para atender às necessidades.

Uma vez que a Cornerstone Bible Church é informada e inspirada, eles responderão à necessidade. A partir daí, Ramona ainda precisará recrutar para preencher as posições restantes. Mas é muito mais fácil pedir a indivíduos específicos que preencham uma função específica porque ela acredita que eles se sairão bem naquilo do que pedir a qualquer pessoa para fazer qualquer coisa.

AUTOAVALIAÇÃO: QUAL É A SUA ABORDAGEM PARA O RECRUTAMENTO?

Pare um pouco e considere por um momento — qual abordagem você emprega com mais frequência ao tentar mobilizar voluntários? Você confia em Deus para o recrutamento ou você anda constantemente se preocupando com isso? Como você pode ajustar a disposição do seu coração para que possa oferecer uma abordagem mais equilibrada?

---

1 Agradecemos a Gio Lynch pela ajuda com esse parágrafo.

DICAS ADICIONAIS PARA O RECRUTAMENTO

Os pastores da Cornerstone tentam engajar os membros logo que ingressam na igreja, antes que eles fiquem muito ocupados com outros ministérios (por exemplo, hospitalidade, recepção, música, segurança). O pastor pergunta a um membro em potencial se ele estaria disposto a servir no ministério infantil durante sua entrevista de membresia. Eles medem o interesse desde cedo.

Quando os líderes da igreja apoiam o recrutamento, isso faz muita diferença. Quando Tiago, o pastor principal, fala, ele carrega um peso e autoridade acumulados por ser o pastor líder. Há poder e influência no púlpito. Assim, quando o pastor Tiago diz: "Venha nos ajudar com as crianças", as pessoas vão ouvir.

Se Ramona trabalha em uma igreja com grande rotatividade, o recrutamento será crucial para sua sobrevivência. Por exemplo, como mencionamos no capítulo 4, a Capitol Hill Baptist Church (CHBC) fica no centro da cidade de Washington, DC, e 10% a 20% da membresia mudam todos os anos. Temos uma nova igreja a cada cinco anos, em média. As Sílvias do mundo, que ensinam na mesma classe de escola dominical por décadas, simplesmente não existem em nossa congregação. Se o dirigente do ministério infantil não recrutar constantemente, as necessidades superarão a quantidade de voluntários e a CHBC rapidamente ficará defasada, correndo o risco de ter que encerrar os programas infantis.

Jonathan é pastor de uma pequena igreja em Wannona, Dakota do Sul, e como ele diz: "As pessoas raramente deixam nossa cidade. Eles geralmente vivem em nossa comunidade por toda a vida, então raramente vemos as pessoas deixarem nossa igreja". Seu volume de rotatividade é de cerca de 2% a 5% a cada ano. Se você estiver em uma igreja com pouca ou nenhuma rotatividade, o recrutamento será importante para ter "sangue novo" à frente das crianças. Você quer caras novas, que trazem nova energia e novas ideias.

94 | MINISTÉRIO INFANTIL

O modelo "todos os pais servem"

O que acontece quando Ramona faz tudo o que foi descrito — informa, inspira, pede e ora — e sua igreja ainda está com um déficit de voluntários? Embora nossa maneira preferida de recrutar seja aquela em que os membros se voluntariam por sua própria vontade, há momentos em que Ramona pode precisar exigir que os membros sirvam.

A certa altura, minha igreja (de Marty) cresceu tão rapidamente que nossas necessidades no ministério infantil rapidamente ultrapassaram nossa capacidade. As crianças de até doze anos constituíam um terço da frequência da nossa igreja. Percebemos que, mesmo que todos os pais servissem, isso cobriria apenas 80% das vagas de ensino e apoio. Foi quando pedimos a todos os pais com filhos no ministério que servissem, fazendo um rodízio. Nós colocamos os mais talentosos e dispostos a ensinar como professores. Os pais restantes assumiram papéis auxiliares para os quais nenhuma preparação era necessária. Isso nos deu a cobertura adequada que precisávamos para garantir que nossas classes estivessem seguras. Foi preciso que o pastor principal e outros líderes liderassem o movimento e explicassem a necessidade de fazer uma transição bem-sucedida de um modelo totalmente voluntário para um modelo em que todos os pais servem.

O subproduto fantástico dos nossos esforços foi o maior envolvimento masculino. Antes dessa mudança, a maioria das nossas classes era conduzida por mães e avós, com apenas alguns pais. Depois de envolvermos todos os pais e mães, os pais formaram cerca de um terço dos nossos professores. O ministério infantil de repente se transformou em uma oportunidade de discipulado para nossos pais. Enquanto assistiam ao nosso professor mais experiente ensinar a Bíblia às nossas crianças no domingo, eles aprendiam a ensinar seus próprios filhos no resto da semana. Embora as necessidades do ministério infantil não sejam atualmente tão urgentes, mantivemos o modelo de todos os pais servindo, e o nosso ministério infantil continua a servir como um campo de treinamento para nossos novos pais.

O diácono de recrutamento

Há vários anos, eu (Deepak) criei um cargo voluntário no ministério infantil dedicado exclusivamente ao recrutamento. Esse membro engenhoso anda junto com a equipe do ministério infantil e facilita o recrutamento de voluntários. Sempre que um membro da igreja diz: "Sim, eu servirei", esse diácono de recrutamento facilita a integração dos membros ao ministério infantil. Um membro não pode simplesmente entrar pela porta e começar a servir. Como o abuso infantil é algo comum, fazemos verificações de antecedentes e uma triagem de candidatos antes que uma pessoa comece a trabalhar. Antes que os possíveis voluntários estejam diante das crianças, também exigimos uma sessão de treinamento inicial. Cada uma dessas etapas (verificação de antecedentes, inscrição, treinamento inicial) pode criar um gargalo em nosso recrutamento de voluntários. Alguém tem que gentilmente conduzir os membros nesse caminho, ajudando-os a não ficarem presos no gargalo. Esse é o nosso diácono de recrutamento. Como nosso atual diácono, Trevor, deixa totalmente claro: "Designar uma pessoa para o recrutamento significa que alguém sentirá a pressão de obter resultado, fará um esforço sincero e enfrentará perguntas difíceis sobre por que os recrutas não estão entrando".

TREINE CONTINUAMENTE SEUS VOLUNTÁRIOS

Ramona não pode jogar voluntários em uma sala e esperar que a maioria naturalmente saiba o que fazer. Claro, alguns são pais, mas isso não significa que os voluntários (até mesmo os pais) sabem como lidar com tudo. Ela treina para transmitir a visão, princípios e aspectos práticos para o ministério infantil.

Ramona prepara os voluntários para serem administradores fiéis das oportunidades do evangelho com as crianças. Ela nunca recruta e os deixa para aprenderem sozinhos. Se ela os pede para servir, ela caminha ao lado deles durante todo o serviço, dando-lhes o que precisam.[2]

---

2 Agradecemos a Gio Lynch pela ajuda com esse parágrafo.

O treinamento

O que Ramona diz aos voluntários quando os treina?

Ela os lembra das medidas de segurança e proteção. Eles sabem o que fazer se um menino está mordendo repetidamente outras crianças? Eles podem evacuar as crianças do prédio em caso de incêndio? O primeiro objetivo é manter as crianças seguras, seja um problema interno (como uma criança batendo em outra) ou externo (como um homem que aparece com uma arma).

Ela define os objetivos pelos quais eles estão lutando. Por exemplo, como manter as crianças seguras e criar a próxima geração de homens e mulheres piedosos para a glória de Deus. Como disse o diácono Trevor: "Se você disser às pessoas que elas estão servindo de babá por duas horas e meia por mês, isso vai fazer elas realizarem suas tarefas com pressa. Se você disser a eles que estão protegendo e avançando o testemunho do evangelho e glorificando a Deus por meio de seu serviço, é mais provável que você ganhe novos recrutas e os veja servindo vigilantemente."

Ramona oferece uma visão completa do que está envolvido. Ela faz o melhor que pode para dar aos voluntários uma noção clara do que ela está lhes pedindo para fazer, então não há grandes surpresas.

Ela instrui no controle de comportamento. Se as crianças estão pulando em mesas, correndo como pessoas loucas e jogando giz, o voluntário não sabe como lidar com um grupo. Ensine técnicas básicas de sala de aula para supervisão de um grupo de crianças.

Ela aprimora as habilidades de comunicação. Eles podem ensinar uma história bíblica de uma forma que seja cuidadosa e orientada pelo conteúdo, mas também envolvente para as crianças?

Ela ensina sobre como prevenir e responder a abusos. Pessoas más querem machucar as crianças. Demonstramos sabedoria quando traçamos estratégias para evitar abusos e responder sabiamente a eles quando e se eles aparecem em nossa igreja. Os voluntários sabem com quem falar se

Membros mantêm o ministério infantil | 97

testemunharem ou suspeitarem de abuso? Existem políticas e procedimentos que orientam a equipe ou há uma resposta padrão?

Ramona ensina como reagir a emergências. Como evacuar durante um incêndio, o que fazer se ocorrer um acidente, como reagir se um atirador entrar e assim por diante.

Ela oferece treinamento, mas a realidade é: as pessoas acabarão esquecendo muito do que dizemos a elas. Pode ser frustrante, mas é verdade. É por isso que ela treina continuamente, de novo e de novo.

Como treinamos

Muito dos treinamentos do ministério infantil pode ser feito durante a própria atividade. Quando Ramona adiciona alguém novo a uma equipe, ela o escala em um papel de auxiliar com pouca responsabilidade além de cuidar das crianças em uma sala de aula sob a supervisão de um ajudante experiente. Ramona instrui um membro da equipe experiente a treinar o novo voluntário ao longo do ano. Uma vez que ela coloca esse sistema de mentoria em funcionamento, ele pode basicamente se perpetuar por si mesmo. Um voluntário experiente pode passar a agenda do dia, dicas para a condução da sala de aula, a melhor maneira de ler e encenar uma história bíblica e os procedimentos adequados do uso do banheiro. Ao longo de um ano, um novo ajudante estará em posição de assumir seu próprio aprendiz.

Os professores aprendem uns com os outros. Eles se beneficiam imensamente desse sistema de mentoria, que combina novatos com professores experientes. Antes da aula, os professores fazem uma pré-sessão, destacando o que vai acontecer, quais as crianças que exigem atenção extra e dão dicas de ensino. Durante a aula, o novato observa o veterano conduzir as crianças com uma história bíblica, lidar com um problema de disciplina ou até mesmo observar como a programação se desenrola. Depois, eles fazem uma revisão, e o professor mais experiente oferece uma avaliação construtiva. Uma ou duas vezes por ano, todos os professores experientes e inexperientes se reúnem para compartilhar incentivos e melhores práticas.

Juntamente com a orientação ao longo do ano, os professores veteranos podem fazer uma prática de ensino pontual. Diego e Emily são um casal sem filhos e se voluntariaram para a classe de quatro anos. Eles eram gentis e fizeram o seu melhor, mas sua falta de experiência ficou evidente. Janaína, uma professora veterana, demonstrou como ensinar fielmente e de uma maneira adequada à faixa etária. Enquanto Diego e Emily observavam Janaína, uma luz se acendeu. Uma ou duas vezes, Diego disse animadamente: "Ah, é assim que você faz". O ensino deles depois da sessão de ensino de Janaína tornou-se drasticamente diferente do que era antes.

A equipe do ministério infantil oferece lembretes semanais sobre as regras, informações pontuais em vez de um evento de treinamento único e cansativo. Todas as semanas, os voluntários da creche se reúnem para orar 15 minutos antes da abertura das salas. Nathan, um diácono do ministério infantil, no início da reunião, faz uma recapitulação. Ele lembra os presentes de uma pequena parte da nossa política de proteção infantil, como: "Lembre-se de que apenas as mulheres podem levar crianças pré-escolares ao banheiro"; "Deve haver pelo menos dois adultos em cada sala de aula" ou "Se uma criança bater em outra, chame os pais no culto de adoração". Cada vez que os voluntários se reúnem, eles recebem uma pequena porção das diretrizes; algo pequeno o suficiente para ser facilmente digerível.

Além desse treinamento no local de trabalho, a equipe do ministério infantil pode realizar um grande evento de treinamento com muitas "iscas" para atrair voluntários — organizar um banquete com comida deliciosa, oferecer cartões-presente de alguma loja. Esteja ciente de que isso não será muito motivador. Alguns virão; muitos não. Mas se você gravar essa instrução, você pode enviar um link de vídeo ou áudio e pedir à sua equipe para ouvir conforme a disponibilidade deles.

Outras organizações podem ajudar com treinamento mais especializado. No ano passado, eu (Marty) organizei um treinamento ALICE (Alertar, Lacrar, Informar, Combater, Evacuar) contra atiradores para nossa equipe do ministério.[3] Eu participei do treinamento de instrutor, o que me preparou para treinar os líderes de nossa igreja. Para se preparar para minha aula, a organização ALICE forneceu a cada um de nossos professores e ajudantes um programa de treinamento em vídeo on-line. Nós dois (Deepak e Marty) oferecemos treinamento em vídeo sobre como reconhecer e responder ao abuso sexual infantil por meio de uma organização chamada Ministry Safe.[4] Mesmo em igrejas maiores, não temos recursos para criar nosso próprio treinamento especializado, mas dependemos de organizações externas respeitáveis para preparar nossa equipe.

Não se limite. Pense criativamente sobre qual treinamento pode se adequar ao contexto de sua igreja. E não tenha medo de pensar fora da caixa.

RETENHA, ALIMENTE E PROTEJA

Patrícia entrou em uma sala de aula. Ela nunca tinha se voluntariado antes. Ela havia completado a sessão inicial de treinamento voluntário, mas já havia esquecido muito do que fora dito. Ela pensou: *Qual será a dificuldade? Vamos montar alguns quebra-cabeças e ler alguns livros. Fácil, fácil.* Ao entrar na classe de dois anos, logo estava sobrecarregada. Havia dezenove crianças de dois anos e apenas dois outros voluntários adultos. A sala estava um caos completo. Dois outros voluntários avisaram que estavam doentes, mas supostamente mais ajuda estava a caminho. As crianças gritavam constantemente. Ela sentia que não fazia nada senão trocar fraldas o tempo todo. O pequeno Júnior pegou um caminhão de brinquedo, jogou-o longe e acertou Cíntia na cabeça, deixando uma marca. Uma hora e meia depois, Patrícia saiu da sala, murmurando baixo: "Nunca mais farei isso".

Essa foi uma experiência real de uma pessoa real que estava aberta a trabalhar com o ministério infantil. Mas sua boa atitude desapareceu. Patrícia saiu desapontada, frustrada e desiludida. Sua má experiência na classe resultou em

---

3 Você pode aprender mais sobre esse treinamento contra atiradores em https://www.alicetraining.com/ [em inglês].

4 Para mais informações sobre prevenção contra abuso sexual e treinamento sobre o tema, acesse https://ministrysafe.com/ [em inglês].

um e-mail na segunda-feira de manhã para Ramona, a dirigente do ministério infantil, dizendo que ela preferia não se voluntariar novamente. Deveria ser alguma surpresa? Depois de uma experiência terrível, ela não quer voltar.

Um cético pode argumentar: "Patrícia não deveria respirar fundo e aguentar isso? Afinal, são só crianças de dois anos. Qual é o grande problema?". Ramona deve preparar Patrícia para as dificuldades do ministério infantil. Ninguém pode garantir que uma classe de crianças de dois anos será fácil de conduzir. Mas ela deve fazer o que puder para que seja uma experiência positiva para a equipe, especialmente nas primeiras vezes que eles servem.

Uma experiência rica do evangelho e edificante faz um voluntário dizer: "Eu quero mais disso. Eu gostaria de voltar". Sabendo que era a primeira vez de Patrícia na classe, uma visita de um coordenador no meio da aula teria ajudado muito a encorajá-la. Não podemos simplesmente preparar as coisas, mandar as pessoas para as salas de aula e esquecê-las.

Temos que olhar para o que está acontecendo nas salas do ministério infantil, e se há elementos que desencorajam automaticamente os voluntários, Ramona faz o que pode para mudar isso. A solução simples para a situação desgastante acima foi dividir a turma em duas salas e adicionar mais voluntários adultos para mudar a proporção de adultos em relação às crianças.

AUTOAVALIAÇÃO: SEUS VOLUNTÁRIOS GOSTAM DO MINISTÉRIO INFANTIL?

Seus voluntários expressam o sentimento: "Eu gostaria de servir novamente. Ajudar o ministério infantil é encorajador!"? Se não, que ajustes você pode fazer ao serviço deles para ajudar a ser uma experiência positiva (mesmo que às vezes possa ser difícil)?

Que expectativas você oferece aos voluntários? Suas expectativas representam com precisão o que elas enfrentarão?

Ofereça ajuda proativa

À medida que os voluntários ganham experiência em sala de aula, eles aprendem a pedir ajuda quando precisam. Mas Ramona também deve ser intencional em perguntar-lhes o que eles precisam.

Conforme os voluntários se tornam melhores no que fazem, eles assumem mais responsabilidades — os novatos se tornam professores titulares, os professores se tornam treinadores para toda a equipe, os voluntários se tornam diáconos e assim por diante. Ramona cultiva um ambiente onde os membros têm mais controle do ministério.

Ramona é humilde o suficiente para receber avaliações. Uma parte do controle do voluntário sobre o ministério infantil é ter voz sobre o que funciona e o que não funciona. A avaliação construtiva a ajuda a melhorar as coisas e ajuda os voluntários a se sentirem ouvidos.

Ramona demonstra gratidão pelos voluntários. Ela não banaliza o fato de Deus ter fornecido ajuda para os pequeninos. Ela diz "obrigada" com frequência, mas vai além com cartões, comida e passeios divertidos. Ela tem alguns vales de desconto em uma cafeteria local e os oferece a pessoas que tomam iniciativa, agem bem com uma criança ou uma classe difícil, ou demonstram frequência fiel e pontual ao longo do tempo.

Proteja o bem-estar espiritual de seus voluntários

O ministério infantil organiza-se tipicamente em torno das necessidades das crianças. No entanto, se essas necessidades são grandes, pode ser demais para poucos (e às vezes insuficientes) voluntários. *A prioridade da igreja deve ser proteger o bem-estar espiritual dos voluntários.* Os líderes da igreja não devem deixar as pessoas servirem tão frequentemente a ponto de se desgastarem. Em vez disso, os líderes devem começar uma estrutura que seja espiritualmente melhor para seus voluntários e, em seguida, organizar os programas das crianças em torno desses parâmetros. Por exemplo, em ambas as nossas igrejas, decidimos independentemente que um membro da equipe das crianças pode perder o culto principal da igreja apenas uma vez por mês, mas depois disso, eles devem estar no culto com o resto da congregação. Qualquer coisa a menos seria prejudicial para a alma de um voluntário.

Vamos supor que você tenha muitas crianças em seu programa (por exemplo, cinquenta crianças de até 10 anos), mas poucos voluntários (por exemplo, 11 adultos). Nessa situação, você não pode preencher os programas com segurança. Você mostra sua disposição de priorizar o bem-estar espiritual dos voluntários suspendendo uma classe naquele domingo ou encerrando programas até que você possa trabalhar adequadamente. "Isso é impossível", você responde. "Os pais ficarão com raiva e os pastores ficariam frustrados se fechássemos as classes". A realidade é, no entanto, que uma situação como a descrita acima seria insustentável a longo prazo. Pergunte a si mesmo: o que nos faria encerrar os programas, se necessário? Você construiu um programa infantil muito grande, que não é sustentável? É preciso reavaliar o que está sendo feito?

Priorizar o bem-estar espiritual dos membros de sua equipe significa pedir que eles tirem uma folga do serviço. Você quer que eles participem do culto principal como uma maneira de cuidar de sua alma. Às vezes, um casal ferido cujo casamento está em perigo serve no ministério infantil para desviar a mente de seus problemas. Isso ajuda esse casal a mudar o foco de si mesmo para os outros (Fp 2.3-4). Mas, com mais frequência, um casal em um casamento conturbado, um jovem viciado em pornografia ou uma mãe solteira cansada — todos eles precisam participar do culto de adoração sem distrações. Por um tempo, eles precisam desesperadamente sentar-se para ouvir a pregação semanal, cantar com a congregação e orar junto com o pastor. A Palavra de Deus tem respostas para seus problemas. Assim, estamos priorizando o ouvir da Palavra (Rm 10.17) e seu crescimento espiritual (Cl 1.27-28) durante esses tempos difíceis. O que mais importa é a alma de um voluntário, não um sangue novo para fazer o trabalho. Proteger a saúde espiritual dos membros a longo prazo fortalecerá a equipe de ministério infantil para o futuro.

O PAI SABE DO QUE VOCÊ PRECISA

É essencial manter nosso foco e confiança no Senhor e não nos sobrecarregarmos com as necessidades do dia. Você precisa de mais trabalhadores para o seu ministério? Você precisa interromper um programa que todos adoram porque o líder se mudou para outra igreja e você não tem alguém para assumir? Não carregue o peso desses desafios sozinho; leve-os ao Senhor, ao mesmo tempo em que se lembra de que é preciso uma igreja inteira para formar um ministério infantil bem-sucedido. Ao encorajar os discípulos a levar suas necessidades a Deus, Jesus lhes disse: "vosso Pai, sabe o de que tendes necessidade, antes que lho peçais" (Mt 6.8). Que lembrete encorajador!

No início, quando liderava nosso ministério infantil há cerca de dois anos, eu (Marty) estava me sentindo sobrecarregado. Nossa incipiente plantação de igreja estava alugando um centro comunitário. Isso exigia que transformássemos salas para adultos em salas de aula todos os domingos e colocássemos tudo de volta em um pequeno depósito no final do dia. Todos os domingos, estendíamos os tapetes e puxávamos os caixotes. Eu estava exausto e precisava de ajuda.

Ainda me lembro do domingo em que Danilo veio até mim e disse: "Você parece precisar de ajuda. Posso ajudar você?". Enquanto Danilo falava, Deus estava trabalhando para o meu bem e para o bem do ministério, nos bastidores. O Senhor inspirou a oferta de Danilo.

Naquele momento, tudo o que eu estava querendo eram mãos extras para ajudar a carregar nossos caixotes e sair do prédio a tempo. Mas o que consegui foi muito, muito mais. Danilo não estava apenas se oferecendo para ajudar a carregar o carrinho; ele se voluntariou para assumir toda a administração de nosso ministério — e fez isso por 18 anos! Danilo e sua esposa Tina fizeram nosso ministério infantil funcionar como uma máquina bem lubrificada e gastaram centenas de horas de seu tempo a cada ano para servir às famílias na igreja por quase duas décadas.

Agora sei o que você vai perguntar: "Como posso encontrar um Danilo e uma Tina?"

Primeiro, ore. Deus sabe e pode prover tudo de que precisamos. Mas, em segundo lugar, lembre-se de que sua igreja está cheia de membros comuns que possuem dons para servir. Eles criam famílias, lideram pequenas empresas, são formados em engenharia ou cuidam de crianças em famílias grandes. Confie no Senhor; creia que ele lhe deu os membros adultos de que você precisa para cuidar das crianças em seu ministério. Sirva fielmente, ore continuamente e observe-o trabalhar para fornecer tudo de que precisa.

CAPÍTULO 7

PAIS CONSTROEM UMA PARCERIA ROBUSTA

Na primeira sexta-feira após sua conversão, Túlio ligou para seu único amigo cristão e perguntou: "O que os cristãos fazem na sexta-feira à noite?". Antes disso, ele e sua namorada Elisa bebiam, pulavam de bar em bar e iam a festas. Elisa tinha ido morar com Túlio enquanto eles namoravam.

Túlio conheceu um colega cristão no trabalho e estudou a Bíblia por alguns meses. Ao estudar o Evangelho de João, ele se tornou cristão. Túlio compartilhou o evangelho com Elisa, e ela também creu. Pouco depois de suas conversões radicais, eles se casaram. Nove meses depois, a primeira filha entrou em suas vidas. Como pais de primeira viagem, Túlio e Elisa imitaram muito do que aprenderam com seus próprios pais. O problema era que nenhum dos dois cresceu em um lar cristão.

Durante seu primeiro ano, sua filha Keila teve problemas para dormir e muitas vezes acordava no meio da noite. Aos três anos, Keila fazia birras com a fúria de um tigre feroz. No dia em que Keila completou sete anos, Elisa se perguntou se a Bíblia poderia ajudar. "Túlio", ela perguntou uma noite depois de colocar Keila para dormir, "devemos tentar ensinar a Bíblia a Keila?"

Tudo o que Túlio conseguia pensar era na grande e pesada Bíblia de estudo que ficava na mesa de centro da sala. Ele já tinha problemas suficientes

106 | MINISTÉRIO INFANTIL

tentando descobrir o que ele mesmo deveria ler. Ele havia lido todo o Novo Testamento uma vez. Tentou ler o Antigo Testamento, mas se perdeu quando chegou em Levítico. Ele não conseguia se imaginar lendo Levítico para Keila. "Eu acho que ela é muito nova para a Bíblia", ele respondeu à pergunta de Elisa.

"Eu fico pensando se a Bíblia nos diz o que devemos fazer", Elisa questionou. "Não que eu saiba", respondeu Túlio. "Se eu me lembrar, vou perguntar ao César o que ele faz com seus filhos".

UM LEGADO ESPIRITUAL PARA AS GERAÇÕES FUTURAS

A Bíblia tem muitas coisas a dizer sobre a criação de filhos e a transmissão de um legado espiritual a eles. O Salmo 78 é um excelente lugar para começar:

> Escutai, povo meu, a minha lei;
> prestai ouvidos às palavras da minha boca. [...]
> O que ouvimos e aprendemos,
> o que nos contaram nossos pais,
> não o encobriremos a seus filhos;
> contaremos à vindoura geração
> os louvores do Senhor, e o seu poder,
> e as maravilhas que fez.
> Ele estabeleceu um testemunho em Jacó,
> e instituiu uma lei em Israel,
> e ordenou a nossos pais
> que os transmitissem a seus filhos,
> a fim de que a nova geração os conhecesse,
> filhos que ainda hão de nascer
> se levantassem e por sua vez os referissem aos seus descendentes;
> para que pusessem em Deus a sua confiança
> e não se esquecessem dos feitos de Deus,
> mas lhe observassem os mandamentos;

e que não fossem, como seus pais, geração obstinada e rebelde,

geração de coração inconstante,

e cujo espírito não foi fiel a Deus. (Sl 78.1, 3-8)

O Salmo 78 é um salmo de Asafe. Asafe é um dos três levitas comissionados pelo rei Davi para cuidar dos cânticos na casa do Senhor. Esse salmo era provavelmente uma peça musical cantada pelos israelitas e usada para lembrar aos israelitas como Deus tinha sido abundantemente paciente com eles. Geração após geração cedeu à incredulidade e se rebelou contra o Senhor. Esse salmo foi uma palavra de instrução de Asafe aos israelitas (v. 1).

O objetivo de Túlio e Elisa (e, na verdade, o objetivo de *qualquer* pai cristão) deve ser o mesmo de Asafe: deixar um legado espiritual para as gerações futuras. "*Não o encobriremos* a seus filhos; *contaremos* à vindoura geração os louvores do Senhor, e o seu poder, e as maravilhas que fez" (v. 4, ênfase acrescentada).

O Salmo 78 é uma lição de história com um ponto: conte a seus filhos sobre o Senhor e suas ações gloriosas. Nunca esconda o que Deus fez. Passe essas coisas para a próxima geração.

Queremos que as gerações vindouras conheçam a Deus, depositem nele a sua esperança e guardem os seus mandamentos (v. 6-7). Nossa maior aspiração não é que nossos filhos cresçam bem-sucedidos, ricos e felizes, mas que eles conheçam e amem o Criador do universo.

A advertência em todo o Salmo 78 é para "lembrar" e "não esquecer" (v. 7, 11, 35, 42). Se os israelitas fossem descuidados em ensinar as obras de Deus, a próxima geração já não se lembraria. Os cristãos, por natureza, também são esquecidos; precisamos do mesmo aviso. Devemos contar a nossos filhos para que um dia eles se levantem e contem aos seus filhos (v. 6).

Somos responsáveis por ajudar os pais em nosso ministério a transmitir as ações gloriosas do Senhor a seus filhos. Os pais às vezes podem esperar erroneamente que o ministério infantil assuma a responsabilidade de ensinar seus filhos sobre Deus, mas está claro a partir das declarações de Asafe que

108 | MINISTÉRIO INFANTIL

todo o povo de Deus participa da transmissão de nossa fé. "Não o encobriremos a seus filhos" (v. 4). A principal responsabilidade de transmitir a fé, contudo, repousa sobre os pais (v. 3).

Então, fazemos parceria com os pais, que têm a responsabilidade primária. Isso significa que passamos a verdade para os filhos deles, mas também significa ajudá-los a pegar o bastão e correr com ele de segunda a sábado.

Confiar em Deus e obedecer-lhe não é algo automático para a próxima geração.[1] Cada geração tem sua própria escolha: confiar em Deus e se apegar às suas promessas ou se afastar em incredulidade. A cada geração que escolhe crer, um legado espiritual começa.

Embora Deus tenha encarregado os pais de transmitir sua fé, muitos são intimidados por essa perspectiva. Se Túlio estivesse sentado à nossa frente em nosso escritório, o ouviríamos relutantemente explicar: "Eu não sou um bom professor. Pensei que era por isso que tínhamos pastores. Não sei ensinar meus filhos". Como um crente imaturo e um jovem pai cristão, seu medo é evidente. Mas ensinar nossos filhos sobre Deus não é opcional. É um mandamento. "Ele estabeleceu um testemunho em Jacó, e instituiu uma lei em Israel, e *ordenou* a nossos pais que os transmitissem a seus filhos" (78.5, ênfase acrescentada). O desafio é grande. Se falharmos no ensino, nossos filhos sofrerão por causa de nossa negligência — e não apenas nossos filhos, mas as gerações futuras que se seguirão.

Deus sabia que os pais precisariam de ajuda para passar a história da redenção para os filhos. Considere a libertação de Israel do Egito. Sua história se desenrola com reviravoltas e reviravoltas incríveis. Deus poderia ter libertado os israelitas gerando confusão nos egípcios. Mas ele não faz assim. Em vez disso, o Senhor envia dez pragas. Por que as dez pragas? Obtemos a resposta em Êxodo 10.2: "para que contes a teus filhos e aos filhos de teus filhos como zombei dos egípcios e quantos prodígios fiz no meio deles, e para que saibais que eu sou o SENHOR".

---

1 *ESV Study Bible* (Wheaton, IL: Crossway, 2008), p. 1033.

Volte até o Êxodo, e você verá que Deus tem as gerações futuras em mente. O plano de redenção de Deus é um plano geracional. Ele escreveu uma história para os pais contarem aos filhos e às muitas gerações que se seguiram. Deus não tem em mente apenas uma única geração, mas está olhando pelo corredor do tempo em direção às gerações futuras. Isso significa que ele escreveu a história para nossos filhos também!

Os pais contam a história de Deus como parte do plano de Deus. Os pais transmitem sua fé contando essa história aos filhos. Não é algo gentil da parte de Deus dar aos pais algo que eles podem fazer para participar do plano de resgate do Senhor? Nosso trabalho (como equipe do ministério infantil ou professores veteranos da escola dominical) não é ser babá, é discipular. Assim como os pais, podemos passar essa história. Ensinamos essa história às crianças no domingo ou na quarta-feira à noite, e depois ajudamos os pais a ensinar a mesma história no resto da semana.

Nosso trabalho no ministério infantil não é apenas contar a mesma história, mas nos unir aos pais, formando uma parceria. Como isso funciona?

UMA PARCERIA NO EVANGELHO

Desejamos uma parceria forte e robusta entre o ministério infantil e os pais. Alguns pais cristãos veem a igreja como o lugar onde seus filhos podem "ser salvos". Esses pais negligenciam o ensino da Palavra em casa, o que coloca mais pressão sobre a igreja para produzir filhos cristãos. Eles enviam seus filhos para a igreja, escolas cristãs e acampamentos, esperando que as pessoas do ministério cristão em tempo integral ensinem, instruam e apresentem a fé para seus filhos. (Um pai astuto disse uma vez: "Afinal, é por isso que damos o dízimo, certo? Nós lhe pagamos para que você possa fazer esse trabalho por nós".)

Não há fórmula para produzir crianças cristãs, em que dizemos as coisas certas, fazemos as coisas certas e saímos com uma criança nascida de novo. Isso não existe. Deus deve redimir nossos filhos. Sabemos que somente Deus salva (Jn 2.9). No entanto, em seu magnífico plano, ele usa meios para realizar seus propósitos soberanos na salvação (Rm 10.14-15). Deus usa os pais para

110 | MINISTÉRIO INFANTIL

apontar as crianças para a verdade e a comunidade do evangelho ao seu redor para reforçar a mensagem do evangelho.

O ministério infantil (e a igreja como um todo) é outro meio que Deus usa para declarar sua verdade às gerações vindouras. As crianças vêm semanalmente para assistir à escola bíblica, ouvir as orações dos adultos e ouvir a pregação da Palavra de Deus no culto principal de adoração. Deus usa adultos na igreja para direcionar as crianças para a verdade.

O ministério infantil nunca deve substituir a instrução cristã em casa. Ensinamos, damos exemplo e discipulamos crianças enquanto elas estão na igreja algumas horas por semana. Mas nós também (como igreja) preparamos pais para que eles possam cumprir o que Deus lhes pede para fazer: ensinar a próxima geração sobre quem ele é e sobre suas obras maravilhosas (Sl 78.4-5).

Como a igreja auxilia os pais cristãos preparando-os para essa tarefa?

1. A maturidade espiritual é sempre o nosso primeiro objetivo

Isto é o que esperamos dos pais (e de qualquer membro da nossa igreja):

- Eles frequentam os cultos de adoração semanais para se juntar aos outros na oração, cantar e ouvir a pregação da Palavra de Deus.
- Pelo menos uma vez por mês, eles participam da Ceia do Senhor com o resto da congregação.
- Um pai se reúne para um estudo bíblico individual e oração com um cristão mais velho e fiel da mesma congregação. Ele recebe mentoria e orientação.
- Os pais se envolvem em comunhão regular com outros crentes.
- Eles diariamente reservam um tempo pessoal para a oração e leitura da Palavra de Deus.

Estes não são complementos opcionais para a vida cristã. Deus usa essas disciplinas espirituais para edificar pais em fé, esperança e amor.

A melhor criação cristã de filhos vem de uma mãe e um pai firmemente fundamentados em Cristo. A maturidade em Cristo é o objetivo, não apenas para a criação de filhos, mas para toda a vida. O apóstolo Paulo declara:

> Aos quais Deus quis dar a conhecer qual seja a riqueza da glória deste mistério entre os gentios, isto é, Cristo em vós, a esperança da glória; o qual nós anunciamos, advertindo a todo homem e ensinando a todo homem em toda a sabedoria, *a fim de que apresentemos todo homem perfeito em Cristo*. (Cl 1.27-28, ênfase adicionada)

Se os pais estão faltando aos cultos da igreja com frequência (por qualquer motivo), se eles não estão conectados a um pequeno grupo, se uma mãe ou pai não se encontra com um cristão mais velho para estudar a Bíblia, se eles nunca passam algum tempo na Palavra ou em oração por conta própria, então não estamos nos movendo em direção a esse mais importante dos objetivos.

2. Preparamos os pais para saber como é criar filhos cristãos nas trincheiras da vida real

Você não pode presumir que os pais simplesmente "aprenderão". Se você não cresceu em um lar cristão, então você não sabe como é uma criação cristã de filhos. Você não sabe o que isso significa (embora você possa tentar compensar isso com vídeos e livros cristãos). Você *experimentalmente* não sabe como é e como as verdades bíblicas moldam e definem um lar.

Há muitas vezes um déficit de evangelho em nossa criação de filhos. Quantos pais ficariam envergonhados se alguém exibisse um vídeo de seus cuidados? O que veríamos? Comentários ruins, gritos, impaciência e brigas constantes? Os pais às vezes podem agir como se a Bíblia fosse irrelevante para o que acontece entre segunda e sábado. Você pode pensar que o trabalho de um ministério infantil se limita a ensinar as crianças. Mas as crianças estão ligadas às famílias, e o contexto familiar é onde elas mais crescem

112 | MINISTÉRIO INFANTIL

e amadurecem em sua fé. Portanto, ajudar as famílias é muitas vezes a chave para o crescimento real na vida dessas crianças.

O pastor pode compartilhar princípios de criação de filhos no púlpito sempre que for apropriado para o texto do sermão. A equipe também pode instruir em aulas sobre o tema, oferecidas para todas as faixas etárias. Pais ou mães mais experientes na fé podem se aproximar e orientar pais mais jovens. Há uma abundância de maneiras de transmitir a verdade e a sabedoria aos pais mais jovens.

Túlio sentou-se no carro com César, seu discipulador, enquanto César levava seu filho, Jacó, para o treino de futebol. Quando nos contou essa história, César não conseguia se lembrar do que provocou a birra de Jacó, mas seu filho de quatro anos teve um ataque de gritos daqueles. Todos os livros sobre criação de filhos do mundo não podem ensinar a Túlio o que ele testemunhou nos momentos seguintes: um pai frustrado a princípio (esse é o pecado de César), depois acalmando seu filho com palavras gentis e ajudando pacientemente o pequeno Jacó a acalmar sua birra. Isso é educação em 3D — ao vivo, pessoalmente, real e autêntica. Túlio, como um jovem crente, observou algo que nunca experimentou crescendo em um lar não cristão: um pai cristão cuja mansidão (Pv 15.1), cuidado e paciência (Ef 4.1-3; 6.4a) exala o aroma de Cristo.

3. Incentivamos os pais a começar com a Bíblia

Queremos construir nos pais desejo e confiança para ler a Bíblia e instruir seus filhos. Se a Bíblia for funcionalmente irrelevante para o que está acontecendo em casa e os pais não tiverem nenhum envolvimento pessoal com as Escrituras em suas vidas, ela não aparecerá em suas interações com as crianças. Se os pais não valorizarem a Palavra de Deus como as palavras reais do próprio Deus, então a Bíblia estará ausente do lar. No entanto, se os pais pensarem: *Este livro contém as verdadeiras palavras da vida eterna*, eles farão o que for preciso para tornar as Escrituras relevantes para tudo o que fazem com seus filhos.

Aqui estão algumas sugestões práticas para um pai lendo a Bíblia para seus filhos.[2] Imagine Jaime, um pai, ensinando seus três filhos: Benny, Betty e Pedro.

Ele lê a Bíblia toda. Quando as crianças são mais novas, ele começa com as histórias do Antigo Testamento e do Evangelho, às vezes separando tempo para recontar as histórias com suas próprias palavras. À medida que envelhecem, ele acrescenta e explica partes mais abstratas da Escritura, como as epístolas paulinas.

Ele lê com cuidado. Se Jaime lê com uma voz monótona, seus filhos rapidamente ficam entediados. Em vez disso, ele lê de uma forma que faz com que as palavras ganhem vida. Às vezes, ele até usa vozes diferentes para diferentes personagens, ou mais inflexão e pronúncia mais destacada de palavras ou ideias importantes.

Ele aponta para Jesus.[3] Jesus é o novo Adão; onde Adão falhou, Cristo teve sucesso. Jaime ajuda seus filhos a fazer conexões entre as diferentes partes da Bíblia e Jesus. Moisés, Josué e Davi apontam para Cristo.

Ele dialoga com seus filhos. Em vez de fazer um monólogo, ele faz perguntas para ajudar seus filhos a se envolverem com as histórias e aprenderem com elas. "Por que Deus mandou um dilúvio?" (Gn 6.11-13). "Por que o jovem rico não abriu mão de sua riqueza?" (Mt 19.21-22). "Por que Jesus chorou quando viu Maria e as multidões depois que Lázaro morreu?" (Jo 11.33-35).

Eles oram, cantam e memorizam as Escrituras juntos. Jaime serve de exemplo para a oração. Não se surpreenda se seus filhos começarem a orar como ele, porque eles o ouviram fazer isso com frequência. Jaime e seus filhos cantam a verdade e a memorizam como outra maneira de conhecer Cristo.

O que podemos fazer como igreja para ajudar esses pais? Nós preparamos os pais para entender como ler sua Bíblia corretamente e como compartilhar

---

2 Fomos ajudados pelo perspicaz artigo de Pedro Leithart, "Três maneiras de ensinar a Bíblia às crianças", The Gospel Coalition, 11/11/2019, https://www.voltemosaoevangelho.com/blog/2022/09/ensinar-biblia-criancas/ [acessado em 18/6/2022].

3 Leithart, "Três maneiras de ensinar a Bíblia às crianças".

114 | MINISTÉRIO INFANTIL

com seus filhos. O tipo de ensino a que Jaime se submete em sua igreja local ditará como ele ensina seus filhos. Se seu pastor explica cuidadosamente o texto bíblico e o aplica toda vez que ele abre a Bíblia, Jaime aprende com ele como ler as Escrituras corretamente. Se um homem mais experiente na fé estuda livros da Bíblia com Jaime em um discipulado particular, ele aprende a ler e fazer perguntas ao texto e a como aplicá-lo. E à medida que os pais aprendem essas coisas, Jaime fica mais confiante em sua capacidade de fazer isso com seus filhos.

É muito fácil para os pais presumirem que grande parte da Bíblia estará além da compreensão de seus filhos. Mas isso não é verdade. Desafiamos os pais a ensinar as verdades ricas e profundas das Escrituras de uma maneira apropriada para a idade, mas sem diluí-la.

4. Equipamos os pais com ferramentas do evangelho

Livros ou currículos nunca devem substituir a leitura bíblica de uma família, mas há uma abundância de livros, catecismos, currículos e músicas que podem ajudar a complementar nosso ensino. Como a maioria dos livros ou currículos cristãos não está disponível em sua biblioteca pública local, os pais cristãos e a equipe da igreja são uma biblioteca de recursos cristãos. Os pais podem destacar bons livros para outros pais e emprestá-los a eles. A equipe da igreja também pode chamar a atenção para os recursos e distribuí-los aos domingos (veja o Apêndice D para uma lista de recursos recomendados).

Os pais podem expandir o conhecimento de uma criança sobre a vida cristã fiel. Eles podem ler uma biografia sobre um personagem da Reforma ou um missionário. Ao ler biografias, os pais oferecem exemplos vivos do evangelho a seus filhos.

Os pais podem passar um tempo à noite lendo sobre diferentes países do mundo. É bom expandir o conhecimento das crianças sobre Deus além dos limites de seu próprio bairro, para ver o quão grande e poderoso o Senhor realmente é.

5. Ajudamos os pais a perseverar na fé

Jaime e sua filha Betty brigam, e Jaime passa a próxima hora se sentindo um fracasso e querendo desistir. Ele acrescenta autocondenação à situação, murmurando para si mesmo depois: "você é um pai idiota" ou "você não é melhor do que seus pais disfuncionais".

A criação de filhos é uma corrida de longa distância. Você ajuda os pais a lembrar que uma briga feia ou um dia ruim não precisam definir o tom da casa. Por medo e falta de fé, os pais deixam que os dias difíceis os definam demais, mas não precisa ser assim. A realidade dolorosa é que os pais vão pecar e cometer erros.

Há duas maneiras pelas quais damos um exemplo de fé em Cristo para nossos filhos. A primeira é óbvia: as crianças aprendem *observando seus pais obedecerem e seguirem a Jesus*. Os pais mostram com suas escolhas diárias como é confiar em Cristo com toda a sua vida. Mas e as vezes em que pecamos? Em segundo lugar, os pais dão um bom exemplo *demonstrando arrependimento humilde*. Quando os pais pedem perdão a Deus, abandonam seus pecados e buscam força em Cristo, seus filhos assistem a tudo de perto. A graça de Deus ensina os pais a viverem vidas piedosas e nos conduz de volta à cruz quando falhamos. Isso é graça sobre graça! Esses pais precisam desesperadamente de uma dose forte da graça de Deus.

A igreja estende essa graça aos pais e os lembra repetidamente de que suas vidas estão fundamentadas na graça de Deus. Os pais podem perseverar e ter esperança enquanto permanecem ancorados no evangelho.

Autoavaliação: uma parceria no evangelho

Como sua igreja está edificando e apoiando os pais? O que você está fazendo atualmente? O que você pode alterar, expandir ou adicionar às suas ofertas atuais?

CRESCENDO COMO PAIS CRISTÃOS

Keila ficava irritada; ela não queria comer o que estava em seu prato. Túlio já havia passado por isso com a filha uma dúzia de vezes antes. Às vezes Túlio ficava frustrado com ela. Outras vezes, ele pacientemente explicava a Keila que ela não podia fazer malcriação e que precisava terminar de comer o que estava em seu prato.

Túlio e seu discipulador, César, conversaram sobre a impaciência dele como pai. Túlio não queria responder dessa maneira. Mas havia esperança. Em Cristo e por meio dele, Túlio tornou-se mais paciente ao amadurecer em sua fé.

Túlio havia crescido como cristão, e isso se refletiu em sua paternidade. Túlio agora lê a Bíblia na hora do jantar para Elisa e Keila. Inicialmente, ele pensou: *não sei como fazer isso!* Mas Túlio foi se tornando mais confiante e acostumado ao observar os professores na escola dominical fazerem a mesma coisa. Depois de alguns meses de voluntariado como ajudante na classe da escola dominical de Keila, Túlio agora pensava: *Com a ajuda de Deus, posso fazer isso em casa.*

É um enorme privilégio unir-se aos pais e ajudá-los a crescer em fé e amor. É um privilégio que compartilhamos enquanto construímos parceria com os pais, ajudando-os a se tornarem tudo o que Cristo pretende que eles sejam.

UMA NOTA SOBRE O PODER EVANGELÍSTICO DO MINISTÉRIO INFANTIL

Nossa ênfase no capítulo é na igreja que discipula os pais para cumprirem sua responsabilidade de ensinar a seus filhos as verdades de nossa fé. Mas como igreja, há duas outras oportunidades que devemos ter em mente.

Primeiro, a igreja desempenha um papel evangelístico, compartilhando o evangelho, talvez pela primeira vez, para crianças nascidas em famílias não crentes. Eles podem aparecer para uma EBF ou vir junto com um amigo. Ensinamos, damos exemplo do evangelho e oramos por essas crianças, assim como faríamos com nossos próprios filhos.

Segundo, apesar de todo o nosso encorajamento aos pais, ainda haverá crianças em nossos ministérios cujos pais são cristãos, mas não estão fornecendo discipulado consistente em casa. Quando estamos compartilhando o evangelho consistentemente em nossas salas de aula, compensamos a falta em casas que não estão discipulando ativamente seus filhos. Apesar de não podermos assumir a responsabilidade que Deus dá aos pais, podemos garantir que qualquer criança que entre em nosso ministério receba a verdade de que precisa para conhecer e amar nosso Salvador. Nossa oportunidade de servir a essas crianças é a mesma de servir às famílias descrentes.

PARTE 3

OS ASPECTOS PRÁTICOS
DO MINISTÉRIO INFANTIL

Na parte 1, examinamos as *prioridades* que constroem uma base firme para o nosso ministério infantil. Ensinar a Bíblia. Valorizar as crianças. Concentrar-se na missão. Essas pedras firmes ficam na base da nossa torre e, em cima delas, vamos construir um programa sólido.

Na parte 2, descrevemos as *pessoas* fiéis que honram a Cristo e mantêm o ministério funcionando. Uma parte do maravilhoso plano de Deus é que ele usa as pessoas para realizar a obra de seu reino. Nós (o povo redimido de Deus) temos o privilégio de ensinar e dar exemplo da verdade para crianças pequenas.

Na parte 3, abordaremos os aspectos *práticos* do ministério infantil. Muitas vezes corremos para os aspectos pragmáticos do ministério primeiro, sem construir um fundamento adequado. Mas não foi o que fizemos. Construímos nossa base bíblica, recrutamos as pessoas certas e agora estamos prontos para considerar os aspectos práticos e concretos do ministério infantil — coisas que devem ser feitas para que tudo funcione.

A Parte 1 nos mostrou *em que cremos*, a Parte 2 apresentou *em quem confiamos*, e a Parte 3 mostrará *como fazemos as coisas funcionarem*.

Aqui está o que abordaremos nesta última seção:

- **Manter as crianças seguras.** Abusadores e predadores sexuais têm como alvo igrejas e outras organizações que cuidam de crianças. Se ignorarmos essa triste realidade, nossos filhos sofrerão as consequências. Não podemos presumir que isso não acontecerá conosco. Devemos pensar, planejar e mostrar vigilância para afastar potenciais abusadores.

- **Estabelecer um plano de resposta para emergências.** Os voluntários do ministério infantil são treinados para responder a uma emergência real? Eles estão preparados para evacuar crianças em caso de incêndio ou protegê-las de alguém armado por exemplo? Devemos educar nossa equipe e voluntários sobre como responder adequadamente a diferentes situações. As respostas improvisadas a circunstâncias extremas não são suficientes. Devemos considerar antecipadamente o que precisa ser feito para nos prepararmos adequadamente para emergências.

- **Administrar a sala de aula.** Não podemos supor que nossos voluntários saibam administrar uma classe de ministério infantil. Os pais que servem possuem diferentes abordagens à criação de filhos. Os solteiros que se voluntariam para ajudar podem não ter experiência prática trabalhando com crianças. Nosso trabalho é fornecer as diretrizes, ferramentas e direção das quais nossos voluntários precisam para administrar crianças agitadas.

- **Buscar excelência criativa.** Nossa identidade de ministério, a decoração do nosso espaço e nossa apresentação na sala de aula trabalham juntas para criar um ambiente divertido e envolvente — ou não. Podemos involuntariamente fazer a verdade parecer fria, seca e indesejável, mas, com um pouco de criatividade, podemos entregar essa mesma verdade de uma maneira que a ajude a ganhar vida. É claro que nunca devemos comprometer as verdades fundamentais da fé, mas também não devemos descartar a importância de adicionar elementos criativos ao ambiente do nosso ministério infantil para tornar o aprendizado divertido e envolvente.

CAPÍTULO 8

MANTER AS CRIANÇAS SEGURAS (PARTE 1)[1]

Karen teve um encontro com o mal. Ela era uma adolescente inocente em um corredor de uma megaigreja local, indo para casa depois de um evento juvenil. Ao sair, Karen encontrou Samuel, o supervisor do prédio. Samuel frequentemente era gentil com Karen, parando para conversar com ela e oferecendo balas toda vez que a via. Como funcionário, ele tinha uma boa reputação na igreja, conhecido como o homem que consertava qualquer coisa para qualquer pessoa a qualquer momento.

Naquele dia fatídico, quando os dois se encontraram, Samuel convidou Karen para uma sala de aula vazia, e ela inocentemente o seguiu. Depois que entraram na sala de aula, o comportamento de Samuel mudou. Ele a puxou para trás de uma fileira de cadeiras empilhadas e a forçou a fazer sexo. Não havia mais ninguém por perto. Karen não sabia o que fazer, então ela cedeu às exigências de Samuel.

Depois, ele ameaçou Karen. "Não conte a ninguém, ou então eu irei atrás de você e te matarei". Ela prometeu não dizer nada, mas não conseguiu esconder porque chorou o resto do dia.

---

1 Muito do conteúdo deste capítulo vem de Deepak Reju, *On Guard: Preventing and Responding to Child Abuse at Church* (Greensboro, NC: New Growth Press, 2014).

122 | MINISTÉRIO INFANTIL

Samuel tinha uma ficha criminal. Ele já havia abusado de outras crianças. A igreja o contratou porque vários amigos o recomendaram ao pastor, dizendo: "Samuel sabe consertar qualquer coisa". No entanto, ninguém se preocupou em verificar seu passado. Se tivessem, teriam visto seus problemas com a lei e outras igrejas. Esse foi o fracasso daquela igreja.

Você ficou surpreso? Não deveria. Algumas igrejas não dedicam tempo para verificar o passado de um funcionário, como a realização de uma verificação de antecedentes criminais. No entanto, as crianças sofrem abusos porque os adultos não fazem a vigilância devida. A tragédia é que esse era um dano evitável.

O primeiro passo para proteger nossos filhos é descobrir *quem* está tramando o mal contra eles. Vamos considerar dois tipos de predadores sexuais que tentam machucar nossos filhos.

DOIS TIPOS DE PREDADORES

Existem dois tipos de predadores sexuais: o predador pelo *poder* e o predador pela *persuasão*.[2] Ambos causam grande destruição na vida de suas vítimas. Os predadores são problemáticos para a polícia, os pais e as sociedades em que vivem, mas têm diferentes maneiras de realizar suas más ações.

O *predador pelo poder* toma uma criança por força bruta. Ele subjuga a vítima dominando-a e forçando-a ao cativeiro. Podemos pensar em termos de uma criança agarrada em um parque ou um pátio de escola, arrastada para um carro e levada sem que a criança tenha a força ou a capacidade de parar o agressor sexual.

O autor de best-sellers e especialista em avaliação de risco Gavin de Beker descreve desta forma: "O predador pelo poder ataca como um urso, se comprometendo inequivocamente com seu ataque. Por causa disso, ele não

---

2 Gavin de Becker, prefácio de Anna Salter, *Predators, Pedophiles, Rapists, and Other Sex Offenders: Who They Are, How They Operate, and How We Can Protect Ourselves and Our Children* (Nova Iorque: Basic Books, 2003), p. xi.

Manter as crianças seguras (Parte 1) | 123

pode facilmente recuar e dizer que houve apenas um mal-entendido. Consequentemente, ele ataca apenas quando tem certeza de que prevalecerá."[3]

Há quase vinte anos, Jaycee Dugaard era uma jovem a caminho do ônibus escolar quando Philip Craig e sua esposa Nancy Garrido a sequestraram. Nancy vigiava o caminho de Jaycee para a escola, e então numa manhã, assim que Jaycee começou a andar pela rua, o casal passou por ela de carro. Philip sacou uma arma de choque, paralisou a garota e então Nancy a puxou para a parte de trás do carro. Philip disse mais tarde à esposa: "Não acredito que nos safamos dessa."[4] Por muitos anos após seu sequestro, Jaycee foi uma escrava sexual, presa em um galpão no quintal da casa de Philip e Nancy. Em um momento fugaz, Jaycee teve sua vida e inocência infantil roubadas. Suportar vários anos de estupro é um cenário de pesadelo, mas Jaycee permaneceu viva e, eventualmente, escapou.[5] Ao contrário de Jaycee, as vítimas de um predador pelo poder geralmente nunca mais são encontradas.

O *predador pela persuasão* usa sua personalidade calorosa e charme para convencer os outros de que ele é confiável e gentil. Ele faz isso para ter acesso às crianças. Então, quando os adultos ao redor baixam a guarda, esse abusador machuca crianças inocentes. Foi exatamente o que Samuel fez com Karen. Pense em termos de um lobo em pele de cordeiro. O lobo pretende prejudicar os outros, mas não quer que você descubra seus planos. Então, ele veste a aparência de uma ovelha inocente para enganá-lo.

Em ambientes de igreja, podemos mitigar o perigo de haver predadores pelo poder com uma boa configuração estrutural no ministério infantil (um controle de entrada, meias portas nas salas de aula, monitores de corredor e um sistema de check-in de segurança). Isso ajuda muito a manter o predador pelo poder longe. Mas um predador por persuasão é muito mais preocupante porque a sua duplicidade permite que ele potencialmente se infiltre em seu ambiente e tenha acesso às crianças.

---

3 de Becker, prefácio de Salter, *Predators*, xi.
4 Jaycee Dugard, *A Stolen Life: A Memoir* (Nova Iorque: Simon & Schuster, 2011), p. 9–11.
5 Dugard, *A Stolen Life*, p. 9–11.

O MITO DO PERIGO COM ESTRANHOS

Um dos mitos mais comuns sobre abusadores sexuais é que eles serão estranhos que levarão seu filho embora. Predadores pelo poder existem, de fato. Eles vasculham parques públicos ou outros lugares com crianças para sequestrar crianças e roubar suas vidas. Mas em um ambiente de igreja, nosso problema será com muito menos frequência um estranho, e muito mais com aqueles cujas vidas regularmente se cruzam com a nossa: frequentadores da igreja, educadores de crianças, familiares e vizinhos. São as pessoas que conhecemos que representam uma ameaça, não as pessoas que não conhecemos.

De acordo com um relatório do Departamento de Justiça dos Estados Unidos (DOJ), as estatísticas de aplicação da lei mostram que nove em cada dez adolescentes vítimas de abuso sexual conhecem seu abusador. Conhecidos e familiares vitimizam um número muito mais significativo de crianças pequenas em comparação com estranhos. O estudo do DOJ relata que 96,9% das vítimas de abuso sexual infantil, de cinco anos de idade ou menos, são conhecidas por seus abusadores. Apenas 3,1% são estranhos.[6] Isso significa que as crianças em seu ministério correm um risco muito maior de abuso por parte de seus professores, familiares e outras crianças do que de estranhos.

Muitas crianças são ensinadas desde cedo a não falar com estranhos. Mas o maior problema são aqueles que vivem entre nós. Ensinar nossos filhos a serem cautelosos com estranhos pode dar uma falsa sensação de segurança. O que os pais muitas vezes ignoram é o adulto familiar que é muito amigável com nossos filhos. Considere o seguinte:

---

6 Howard N. Snyder, *Sexual Assault of Young Children as Reported to Law Enforcement: Victim, Incident, and Offender Characteristics*, NIBRS Statistical Report (US Department of Justice, Julho/2000), p. 10, disponível em https://www.bjs.gov/content/pub/pdf/saycrle.pdf [acessado em 21/6/2022]. O relacionamento entre abusador e vítima em abusos sexuais em crianças de até cinco anos: 48,6% de um familiar, 48,3% de um conhecido e 3,1% de um estranho.

Manter as crianças seguras (Parte 1) | 125

* A maioria dos abusos ocorre no contexto de um relacionamento contínuo.
* Na maioria dos casos, estranhos se tornarão "amigos" antes de abusarem.
* Alguns abusadores de crianças são casados e abusam de seus próprios filhos.[7]

A maioria das crianças sabe como responder a um estranho inconveniente, mas não sabe o que fazer quando um adulto "seguro" as deixa desconfortáveis.

UM PERFIL TÍPICO DE UM PREDADOR SEXUAL

Imagine que você está fazendo um teste de múltipla escolha. Observe a lista abaixo e dê o seu melhor palpite sobre quem se encaixaria no perfil de um agressor sexual.

A. Um jovem arquiteto solteiro do sexo masculino
B. Uma mãe de classe média com quatro filhos
C. Um pediatra
D. Um padre católico
E. Um professor de escola pública
F. Nenhum dos anteriores
G. A e D apenas
H. Todos os anteriores

A resposta correta é "H". Embora estatisticamente a maioria dos predadores sexuais sejam homens, não podemos presumir que esse seja o único tipo de predador. Há alguns casos em que as mulheres ficam presas neste pecado perverso. Mais comumente, pensamos em uma professora que desencaminha

---

7 Tiago Cobble, Richard Hammer, e Esteven Klipowicz, *Reducing the Risk II: Making Your Church Safe From Sexual Abuse* (Carol Stream, IL: Church Law & Tax Report, 2003), p. 12.

meninos adolescentes com encontros sexuais impróprios. Mas há outras categorias de mulheres agressoras, incluindo algumas com tendências sádicas e aquelas que são coagidas por um parceiro masculino a abusar de crianças.[8]

Na verdade, há predadores de todos os tipos: solteiros e casados, funcionários e empresários, educados e não educados, ricos, classe média e pobres. Ao examinar uma série de casos de agressores sexuais, encontramos exemplos em quase todas as categorias profissionais: professor universitário, diretor esportivo de escola particular, padre católico, médico, advogado, pastor e muitos outros profissionais. Não podemos limitar criminosos sexuais a um único perfil genérico.

AS TÉCNICAS DOS PREDADORES

Muitas questões surgem quando se trata de entender os agressores sexuais. Como os predadores se safam das coisas que fazem? Como eles enganam a comunidade da igreja e, em seguida, a criança? Quais métodos eles empregam para impedir que as crianças divulguem seu comportamento grotesco? Se entendermos as técnicas de um predador, isso nos ajudará a reconhecer possíveis problemas *antes* que qualquer dano aconteça às nossas crianças.

Aliciar a comunidade da igreja

A técnica mais comum para os agressores sexuais conseguirem acesso às crianças é cultivar uma vida dupla. Os agressores sexuais trabalham duro para serem membros simpáticos e respeitáveis de uma igreja. Se são amados e respeitados, eles ganham a confiança da comunidade da igreja. Quando conquistam a confiança, eles ganham acesso às crianças. Este processo é conhecido como "aliciamento" — um método de manipular as crianças e adultos em uma igreja para ganhar sua confiança.

Os agressores geralmente não se apressam com o aliciamento, mas, em vez disso, dedicam seu tempo para desenvolver relacionamentos com os membros de uma igreja. A fim de conquistar os adultos e se tornar uma parte aceita

---

8 Salter, *Predators*, p. 76-78.

da igreja, eles apresentam uma persona que é útil, gentil, prestativa, educada e cuidadosa com adultos e crianças. A especialista Anna Salter comenta:

A vida dupla é uma tática poderosa: Há o padrão de comportamento socialmente responsável em público que faz com que os pais e outros baixem a guarda, permitam o acesso às crianças e ignorem acusações. Mas uma pessoa grosseira e desagradável teria pouco acesso, não importa o quão apropriado e educado seu comportamento público fosse. A segunda tática — a capacidade de encantar, ser agradável, irradiar sinceridade e autenticidade — é crucial para obter acesso às crianças.[9]

A maioria dos agressores violentos mantém seu comportamento sob controle em público para não levantar suspeitas. Abusadores não aparentam ser pessoas desagradáveis, eles podem apresentar boas qualidades, esse fato faz a identificação deles ser mais difícil. A maioria das pessoas pensa que um agressor sexual é completamente mau. Não conseguimos imaginar que alguém assim tenha algo de bom.

Quando o predador sexual ganha a confiança de um número significativo de pessoas dentro de uma igreja, as suspeitas se tornam mais difíceis de articular. Estudos de conformidade mostram que poucas pessoas discordarão publicamente da opinião da maioria. E se a pessoa recebe apoio entusiástico de amigos ou líderes da igreja, torna-se ainda mais difícil se pronunciar contra ele com convicção persuasiva.

Na realidade, o que muitas vezes acontece é que o agressor sexual finge ser alguém que não é. Os abusadores são mentirosos profissionais; eles são hábeis no que fazem porque o fazem há anos. Eles mentiram para todos em suas vidas — membros da igreja, amigos, suas vítimas e até mesmo para si mesmos — para justificar seus desejos pecaminosos e continuar no caminho destrutivo de prejudicar crianças. De acordo com a maioria dos especialistas

---

9 Salter, *Predators*, p. 38.

128 | MINISTÉRIO INFANTIL

que trabalham com agressores sexuais, sua mentira não é apenas difícil de detectar, como também é muitas vezes bastante convincente.[10]

Se um predador está vagando em torno de sua igreja, ele provavelmente não é alguém estranho a você. Muito provavelmente, ele é alguém que você já conhece, gosta e não vê como uma ameaça para seus filhos.

Aliciar a criança

Uma vez que um predador conquista a confiança da comunidade de uma igreja e talvez de uma família em particular, ganhando acesso a crianças no processo, ele começa a aliciar uma criança. Ele dará presentes, fará elogios, dará uma quantidade extraordinária de atenção e mostrará afeto à criança desavisada. Um agressor sexual descreveu sua estratégia desta forma: "Quando uma pessoa como eu quer alcançar uma criança, você não simplesmente vai e pega a criança e a molesta sexualmente. Há um processo de conquistar a amizade da criança e, no meu caso, também conquistar a amizade e a confiança da família. Quando você obtém a confiança deles, é quando a criança fica vulnerável e você pode molestar a criança."[11]

Em um ambiente de igreja, você deve ter cuidado com um professor ou voluntário de ministério infantil que repetidamente dá presentes especiais para uma criança, que abertamente se aproxima dessa criança ou que ganha acesso a essa criança fora da igreja.

Em relação ao contato físico, o aliciamento de uma criança ocorre de forma progressiva, começando com comportamentos mais inocentes, como tocar um braço ou fazer cócegas, e então gradualmente se move para comportamentos mais arriscados, como beijar nos lábios em vez da bochecha, piadas sexuais ou toque prolongado. O objetivo do predador sexual é confundir os limites entre comportamento adequado e inadequado, o que abre a porta para assumir maiores riscos. As coisas progridem com a criança ficando mais

---

10 Victor Vieth, "What Would Walther Do? Applying the Law and Gospel to Victims and Perpetrators of Child Sexual Abuse", *Journal of Psychology and Theology* 40, n. 4 (Dezembro/2012): p. 263.

11 Salter, *Predators*, p. 42.

confortável com cada passo, à medida que um nível crescente de sexualidade é introduzido no relacionamento.[12]

No processo de aliciamento, os predadores passam uma quantidade incomum de tempo com as crianças. Eles envolvem as crianças em comportamentos e brincadeiras apropriadas à idade delas e preferem passar mais tempo com as crianças do que com os adultos. Esse comportamento deve levar os adultos atenciosos a se perguntar por que essa pessoa (um adulto ou mesmo um adolescente) prefere ficar mais com crianças do que com seus próprios colegas.

Muitos agressores sexuais são deliberados e cuidadosos em seu planejamento. De acordo com o promotor e especialista Victor Vieth, "os agressores sexuais geralmente procuram o alvo mais fácil".[13] Um excelente exemplo é um predador sexual que busca propositadamente crianças mais vulneráveis, como crianças com pais solteiros ou divorciados. Pense no que está acontecendo nessas famílias: a criança muitas vezes anseia por uma figura paterna, então ela é atraída rapidamente por qualquer tipo de influência paterna. A mãe solteira está exausta e precisa desesperadamente de ajuda, então ela rapidamente entrega o cuidado de seus filhos a um adulto interessado, para ter uma folga. A oferta de ajuda do predador parece uma resposta à oração, algo a ser celebrado, não investigado. Verificar suas referências parece impensável e acusatório.

Que outros tipos de crianças vulneráveis podem ser alvo de predadores sexuais? Os abusadores atacarão crianças que estão enfrentando problemas familiares; crianças que muitas vezes estão em apuros; crianças que estão ansiosas para agradar, que são zombadas por outras crianças, que são quietas, retraídas e isoladas; crianças com alguma deficiência que pode torná-las menos críveis (por exemplo, crianças com deficiência cognitiva); ou crianças que são muito jovens para articular a experiência de abuso. Observe o que o agressor sexual John Henry disse em seu depoimento perante o Senado

---

12 Carla Van Dam, *Identifying Child Molesters: Preventing Sexual Abuse by Recognizing the Patterns of the Offenders* (Nova Iorque: Routledge, 2011), p. 110–12.

13 Vieth, "What Would Walther Do?", p. 263.

130 | MINISTÉRIO INFANTIL

dos Estados Unidos: "Eu mostrei a elas o afeto e a atenção que elas achavam que não estavam recebendo em nenhum outro lugar. *Quase sem exceção, cada criança que eu molestei era solitária e desejava atenção.* [...] Seu desejo de ser amada, sua confiança nos adultos, suas brincadeiras sexuais normais e suas mentes curiosas as tornaram vítimas perfeitas."[14]

Embora todas as nossas crianças sejam passíveis de sofrer abuso, precisamos especialmente manter olhos atentos nas crianças mais vulneráveis e frágeis entre nós.

Confiar que não serão acusados

Crianças que são molestadas e revelam isso a um adulto raramente são levadas a sério porque seus agressores não parecem prováveis abusadores sexuais. Se seu filho dissesse que o professor, médico ou treinador dele o molestou, você acreditaria imediatamente nele? A maioria de nós quer dizer: "Sim, é claro". No entanto, na realidade, muitos pais teriam dificuldade em discernir entre a tolice de uma criança (Pv 22.15) e a reputação de uma figura altamente respeitada e conhecida na comunidade.

Apenas uma pequena minoria de crianças contará sobre o abuso no momento em que está ocorrendo. Se compartilharem, não podem revelar os detalhes mais vergonhosos. Não surpreende que os predadores sexuais preocupados em que a criança venha a acusá-los (alguns se preocupam, alguns não) tentem convencer a criança a mantê-lo em segredo. O trecho a seguir é tirado de uma "sessão de perguntas e respostas" com um agressor sexual:

Pergunta: Como você impede que suas vítimas contem?

Resposta: Bem, em primeiro lugar, ganho toda a confiança delas. Elas acham que sou a melhor pessoa do mundo. As famílias acham que sou a melhor pessoa do mundo. Porque sou tão gentil com eles, tão legal, tão... simplesmente não há ninguém melhor para essa pessoa do que

---

14   Van Dam, *Identifying Child Molesters*, p. 104, ênfase acrescentada.

eu. Se chegasse ao ponto de, você sabe... "Eu tenho um segredinho, esse é o nosso segredinho", então seria assim, mas geralmente não precisa chegar a esse ponto. É quase um entendimento tácito.[15]

Infelizmente, as crianças são muitas vezes ignoradas, o que, por sua vez, aumenta o nível de confiança do agressor sexual e sua disposição de correr riscos. Uma consequência terrível de crianças manterem segredos ou adultos não acreditarem nelas é que a maioria dos infratores acabará com dezenas de vítimas antes de serem pegos.[16]

O QUE VOCÊ DEVE FAZER?

No próximo capítulo, recomendaremos uma série de boas práticas para evitar abusos, mas concluiremos oferecendo ideias sobre o que fazer com essas informações difíceis sobre abusadores sexuais.

Cuidado com suas suposições. Não presuma que você sabe quem é e quem não é um agressor sexual. A maioria das pessoas pensa falsamente que pode identificar um predador — ele seria um "monstro". Talvez ele seja um homem solteiro? Alguém de aparência desgrenhada? Talvez ele tenha algum tipo de doença mental, vício ou insanidade evidente? Ele provavelmente é ignorante ou algum tipo de pervertido. Se você pensa assim, então os predadores já enganaram você. Examine cuidadosamente suas suposições para garantir que você tenha informações precisas sobre predadores sexuais.

Ensine seus voluntários sobre aliciamento. Os membros de sua igreja estão na linha de frente do trabalho diário do ministério infantil. Dê-lhes ferramentas para reconhecer as técnicas de um predador sexual. Quanto mais seus membros souberem, maior a probabilidade de soarem o alarme e denunciarem o abuso quando ele acontecer ou quando suspeitarem que algo está errado.

15 Salter, *Predators*, p. 43.
16 Van Dam, *Identifying Child Molesters*, p. 77.

132 | MINISTÉRIO INFANTIL

Divulgue suas diretrizes. Crie uma política de proteção infantil por escrito e exija que todos os pais e trabalhadores leiam essas diretrizes. Afixe cartazes que farão predadores pensar duas vezes sobre abusar de suas crianças. Cartazes com dizeres como "As crianças devem ser acompanhadas por mais de um adulto" nas portas do banheiro do ministério infantil enfatizam o comportamento esperado. Se você tiver câmeras, coloque uma placa dizendo: "O ministério infantil é monitorado por vídeo".

Treine os guardiões.[17] Toda igreja tem seus guardiões — pessoas que tomam a decisão final sobre voluntários e acesso às crianças. Um predador alicia toda a comunidade, mas ele está principalmente preocupado em enganar os guardiões.[18] Se um predador sexual convencer os guardiões de que é confiável e gentil, ele terá o que deseja — tempo com crianças da igreja. É por isso que os guardiões devem ter um nível mais alto e sofisticado de treinamento em comparação com todo o resto da igreja.

Mantenha um nível saudável de ceticismo. Não podemos fazer suposições ingênuas sobre como os agressores sexuais operam. Um ceticismo saudável reconhece que vivemos em um mundo caído onde as pessoas fazem coisas más contra crianças. Por exemplo, se um jovem solteiro (vamos chamá-lo de "Estevão") leva uma criança para o banheiro sozinho, isso deve acionar nosso sinal amarelo. A diretriz da igreja diz que as crianças devem ser acompanhadas ao banheiro por uma mulher voluntária, não por um homem. Se Estevão, como um solteiro inexperiente, vê Ronaldo (de quatro anos de idade) gritar: "EU TENHO QUE FAZER XIXI!", ele levará Ronaldo rapidamente ao banheiro para evitar um acidente. Ele não está pensando cuidadosamente sobre as regras do banheiro. Mas e se isso não for um incidente único? E se Estevão levar garotinhos ao banheiro algumas vezes, violando a diretriz? Então *há* razão para preocupação. Se

---

17 Algumas sugestões para o treinamento de guardiões: (1) Leia o livro de Deepak, *On Guard: Preventing and Responding to Child Abuse at Church*, e (2) faça com que a liderança da sua igreja e a equipe de ministério infantil participem do treinamento do *Ministry Safe* (https://ministrysafe.com) [em inglês].

18 Eu (Deepak) aprendi isso com Gabriel Love e Kimberly Norris, no treinamento básico. Para mais informações sobre o treinamento, visite https://www.ministrysafe.com [em inglês].

um voluntário notar as violações da regra de Estevão, deve se manifestar. Um ceticismo saudável não se apressa em julgar, mas toma medidas para denunciar a violação da diretriz e saber o que realmente está acontecendo. Talvez Estevão esteja perdido quanto às regras ou talvez esteja fazendo algo malicioso. De qualquer forma, essa situação não pode ser deixada de lado ou varrida para debaixo do tapete.

Ensine as crianças a dizer "não". Por causa do mito do perigo estranho, é importante ensinar as crianças a dizerem "não" sempre que um adulto ultrapassa um limite inadequado. Diga aos seus filhos que ninguém (a não ser mamãe, papai ou um médico ou enfermeiro) tem permissão para ver as partes de seu corpo que são cobertas pelas roupas de baixo. Leva apenas trinta segundos para a vida de uma criança ser arruinada, então saia na frente do agressor sexual e ensine seus filhos a dizer "não". *Deus fez tudo em mim*,[19] de Justin e Lindsey Holcomb é um livro escrito para ajudar os cuidadores a ensinar as crianças sobre este tópico, e é um recurso útil que você pode recomendar aos pais.

Sempre relate. Não espere até que uma investigação prove que uma alegação está correta. Se você suspeitar que um abuso possa estar ocorrendo, relate suas suspeitas às autoridades e permita que elas investiguem.

MANTENHA AS CRIANÇAS SEGURAS

Como cristãos, devemos proteger as crianças que Deus nos confiou. Temos a responsabilidade ética e moral de fazer isso. As crianças são uma herança e uma recompensa de Deus (Sl 127.3). Quem se atreve a prejudicá-los deve prestar atenção ao aviso de Jesus: "E quem fizer tropeçar a um destes pequeninos crentes, melhor lhe fora que se lhe pendurasse ao pescoço uma grande pedra de moinho, e fosse lançado no mar" (Mc 9.42).

Você pode ler este capítulo e pensar: "Oh, meu Deus. Tudo isso é assustador", e você ficar preocupado com a ameaça de um predador. Se Deus quiser, você está agora mais bem preparado para entender este problema dos abusadores.

---

19 Justin & Lindsey Holcomb, *Deus fez tudo em mim* (São José dos Campos, SP: Fiel, 2019).

134 | MINISTÉRIO INFANTIL

Se você está se sentindo mais preocupado com o fato de um abusador de crianças poder prejudicar seus filhos, isso é provavelmente algo bom. As realidades do abuso infantil são profundamente perturbadoras e devem nos motivar a levar a sério a proteção das crianças em nossas igrejas. Porém, longe de nós terminarmos este capítulo com uma nota de medo. Como cristãos, não vivemos no medo, mas na confiança no Deus da graça.

Como seguidores de Cristo, de onde vem a nossa esperança final? Não de nada que possamos fazer neste mundo, mas do Deus da graça que nos prepara para caminhar em sua sabedoria e força. Como crentes, não devemos viver com medo, mas com confiança no Senhor. Devemos servir a nossos filhos e nossas igrejas com a mesma confiança que o rei Davi escreveu quando enfrentou provações e dificuldades:

Em me vindo o temor,
hei de confiar em ti.
Em Deus, cuja palavra eu exalto,
neste Deus ponho a minha confiança e nada temerei.
Que me pode fazer um mortal? (Sl 56.3-4)

AUTOAVALIAÇÃO: MANTER AS CRIANÇAS SEGURAS

O que sua igreja está fazendo para evitar o abuso infantil? Você tem suas diretrizes de proteção à criança por escrito? Você realiza treinamentos regulares? Se você não está fazendo nada como proteção às crianças, por onde pode começar?

CAPÍTULO 9

MANTER AS CRIANÇAS SEGURAS (PARTE 2)

Jonathan estava sentindo o estômago revirar. Nenhum pastor quer uma criança ferida. No entanto, sua igreja enfrentou um processo por abuso sexual que ocorreu recentemente no ministério infantil. Ele estava atolado em conversas com um advogado, procurando pastorear as famílias perturbadas em sua congregação, sentindo-se culpado por sua liderança fracassada e tentando dar conta de tudo. De acordo com Jonathan: "Parecia que uma bomba havia explodido e eu estava limpando a bagunça".

Carlos era um homem amigável que entrou para a igreja há cerca de um ano. Ele era gentil e os membros da igreja gostaram rapidamente dele. Ele se voluntariou para dar aulas na escola dominical e conheceu Pedro, um menino de oito anos em sua classe. As coisas começaram inocentemente. Um abraço no final da aula. Presentes para o Pedro. Muita atenção extra.

E então aconteceu. Carlos se aproveitou de Pedro. Ele fez Pedro manter isso em segredo. Mas Pedro tornou-se apático, retraído e passivo (o que não era seu jeito), e sua mãe Nicolle ficou preocupada. Por fim, Pedro contou à mãe sobre o abuso, e ela ficou horrorizada.

Nicolle entrou em contato com o pastor imediatamente, mas a igreja não prestou queixa do incidente. Jonathan, o pastor principal, não queria julgar precipitadamente. Ele permitiu que Carlos participasse dos cultos no domingo seguinte. Infelizmente, a atitude de Jonathan em relação ao abuso piorou muito a situação. Nicolle ficou indignada. "Se aquele pastor e a igreja não vão fazer nada, então eu não tenho outra escolha". Ela entrou em contato com a polícia, depois contratou um advogado e entrou com uma ação contra a igreja.

QUANDO AS IGREJAS FALHAM COM NOSSAS CRIANÇAS

Infelizmente, essa é uma história familiar até demais. Se você presta atenção às notícias, sabe bem que os agressores sexuais aparecem nas igrejas. Como predadores ferindo presas indefesas, eles fazem coisas horríveis com nossos filhos. Muito do que é feito poderia ser evitado, mas muitas igrejas ignoram como proteger as crianças e como responder adequadamente quando o abuso sexual acontece na igreja. No fim, é uma irresponsabilidade com os pequeninos que Deus confiou aos nossos cuidados.

Por que as igrejas falham com nossas crianças?

- Como as igrejas estão desesperadas por voluntários, os agressores sexuais sabem que podem ter acesso fácil às crianças.
- Como as igrejas tendem a ser mais informais do que as creches, muitas vezes não se preocupam em verificar o passado de alguém ou avaliar voluntários.
- Como os membros da igreja podem ter muitas pressuposições sobre abuso sexual, eles podem pensar coisas como: "Isso nunca acontecerá conosco" ou "conhecemos todos na igreja e nenhum de nossos amigos faria algo assim".
- Como os membros da igreja podem ter muitas pressuposições sobre agressores sexuais, podem supor que eles são totalmente diferentes nós, quando, na verdade, os agressores sexuais vêm em todos os tipos:

empresários ou empregados, solteiros ou casados, homens ou mulheres, educados ou não, ricos ou pobres.

- Os membros da igreja podem ficar ofendidos quando o dirigente do ministério infantil começa a implementar medidas de proteção (por exemplo, exigindo inscrições e triagem dos membros antes que possam se voluntariar). Membros antigos pensam: "Como se atreve a me questionar? Eu estou aqui há vinte anos!". Outros pensam: "Nós somos uma igreja pequena. Somos uma família. Por que precisamos disso?".

- Como os agressores sexuais são inteligentes, eles sabem que os cristãos às vezes podem ser ingênuos, então se aproveitam de sua confiança. Alguns cultivarão uma vida dupla, parecendo as pessoas mais legais do mundo. Eles fazem isso para ter acesso facilitado às crianças.

- Quando o abuso sexual infantil acontece na igreja, muitas vezes não há diretrizes em vigor para lidar com isso. Quando os pastores tentam lidar com isso internamente sem um plano de resposta e sem envolver as autoridades, as crianças são vitimizadas mais uma vez — mas desta vez pelas autoridades da igreja.

- As igrejas aplicam mal o chamado bíblico para perdoar de maneira que podem pressionar por uma reconciliação entre as vítimas e seus abusadores. Essa resposta, aliada ao desejo de "seguir em frente", resulta na falta de atendimento adequado às vítimas e suas famílias.

Muitas outras razões podem ser listadas, mas essas dão a você uma noção do que pode dar errado.

BOAS PRÁTICAS PARA PROTEÇÃO CONTRA O ABUSO INFANTIL

O que pode ser feito sobre este problema? Como pastores e igrejas podem ser mais responsáveis em proteger nossos filhos? Vamos considerar algumas práticas recomendadas. Nenhuma dessas estratégias por si só pode eliminar a possibilidade de um agressor sexual ferir as crianças de sua igreja. Mas juntas elas podem reduzir o risco e aumentar a probabilidade de segurança de nossas crianças.

138 | MINISTÉRIO INFANTIL

1. Criar e implementar uma política de proteção infantil

Uma política de proteção infantil (PPI) é um conjunto de diretrizes autoimpostas que descrevem como uma igreja cria um ambiente seguro para as crianças. Quando cuidadosamente escrita e cuidadosamente ensinada e implementada, a igreja usa o PPI para proteger as crianças sob seus cuidados. O ponto principal do ministério infantil é não apenas ensinar a verdade às crianças (embora isso seja importante!) ou fornecer cuidados infantis adequados. Queremos também facilitar a participação dos pais nos cultos da igreja sem que precisem se preocupar com a proteção e o cuidado com seus filhos.

Se o ministério infantil de uma igreja for improvisado e sem um bom planejamento, as crianças e os pais sofrerão. As políticas devem ser escritas, claras, uniformes, distribuídas à equipe para estudo e revisadas anualmente. Uma igreja sem diretrizes escritas é uma receita para o desastre porque cria uma cultura de falsas pressuposições das quais os agressores sexuais se aproveitam, como: "Somos uma igreja pequena, então conhecemos todos".

Dois princípios gerais tipicamente sustentam um PPI. Primeiro, *o risco de abuso aumenta quando uma criança está isolada com um adulto.*[1] Muitos infratores procuram privacidade para cometer abusos, então tentamos garantir que um adulto nunca fique sozinho com crianças.

Em segundo lugar, *o risco de abuso aumenta à medida que a prestação de contas diminui.* Quando um adulto fica sozinho com uma criança, não há prestação de contas para outro adulto. Ou se um evento infantil ocorre sem qualquer conhecimento da liderança ou da equipe, então não há prestação de contas à igreja como um todo.

Ambos os princípios ajudam sua igreja a avaliar o nível de risco em uma situação e implementar políticas que tornam o ministério infantil um lugar seguro para as crianças.[2] Os fatores de redução de risco incluirão:

---

1 Tiago Cobble, Richard Hammer, e Esteven Klipowicz, *Reducing the Risk II: Making Your Church Safe From Sexual Abuse* (Carol Stream, IL: Church Law & Tax Report, 2003), p. 42-44.

2 Cobble, Hammer, and Kilpowicz, *Reducing the Risk II*, p. 41-44.

Manter as crianças seguras (Parte 2) | 139

- aumentar o número de adultos presentes e exigir que mais de um adulto esteja presente com crianças em todos os momentos;
- fazer atividades do ministério infantil nas instalações da igreja, em vez de numa casa particular, e em um momento em que mais pessoas estarão por perto;
- aumentar a visibilidade de adultos e crianças;
- organizar o espaço de modo que haja limites físicos claros que "cerquem" os membros da equipe e crianças, e mantenham todos os outros fora;
- cultivar um conhecimento pessoal do caráter e da integridade da equipe ou dos voluntários;
- garantir que a equipe e os voluntários participem dos procedimentos de treinamento e triagem da igreja (incluindo uma verificação de antecedentes e referências);
- promover um alto grau de abertura sobre as aulas e eventos do ministério infantil;
- exigir a aprovação das atividades do ministério infantil pela liderança da igreja.

Não podemos erradicar o abuso deste mundo, mas podemos ser deliberados em tomar medidas que reduzam o risco. Quais diretrizes e procedimentos devem ser incluídos em um PPI? Para uma visão geral, consulte o Apêndice B ("Guia para escrever e implementar uma Política de Proteção Infantil").

2. Utilizar um processo de entrada e saída

Procedimentos de entrada e saída claramente definidos criam uma "cerca" ao redor das crianças, permitindo que elas fiquem com segurança sob os cuidados da igreja até que sejam devolvidas aos pais.

Considere dois objetivos para esse processo. Primeiro, um processo de entrada e saída esclarece quando a criança está sob os cuidados dos voluntários da igreja ou de seus pais. Quando um pai assinala a entrada de seu filho

140 | MINISTÉRIO INFANTIL

e o entrega ao professor da escola dominical, esse momento marca o ponto em que o ministério infantil da igreja assume oficialmente a responsabilidade por essa criança. Quando a criança deixa de ser da responsabilidade da equipe do ministério infantil e dos voluntários? Depois que o pai assinala a saída e recebe a criança de volta aos seus cuidados. Sem um processo claro de entrada, a linha de responsabilidade fica confusa. Apenas pela questão de gestão de riscos, é bom tornar esta linha o mais distinta possível.

Em segundo lugar, um processo de entrada e saída oferece aos voluntários um sistema organizado que combina as crianças com os pais e vice-versa. Por exemplo, você pode usar um sistema de pulseiras numeradas, em que uma pulseira vai no braço de cada criança e uma pulseira correspondente fica com os pais da criança. Se um voluntário não tem certeza se está entregando a criança certa para o pai correto, o sistema de saída fornece uma maneira de garantir que ele não está fazendo algo errado.

Um processo de entrada e saída sinaliza aos potenciais abusadores que visitam sua igreja que seu ministério é bem organizado e não é facilmente acessado.

3. Fazer uso de um processo cuidadoso de membresia

Uma porta de entrada larga em sua igreja é óbvia para os agressores sexuais. A membresia é um compromisso autoconsciente com a congregação que permite que a igreja defina quem está "dentro" e quem está "fora". Não ter um processo de membresia (ou ter um processo muito superficial) significa que as pessoas podem entrar ou sair muito facilmente da congregação sem qualquer definição clara de quem faz parte da igreja. Pense por um momento. Onde você acha que um agressor sexual irá: para uma igreja com uma classe de membresia de dez semanas mais uma entrevista, ou para uma igreja onde você pode participar imediatamente sem qualquer pergunta? Quanto menor o obstáculo à membresia, mais provável é que eles consigam passar por ele.[3]

---

3 Para ver mais sobre membresia na igreja, consulte o excelente livro de Jonathan Leeman, *Membresia na igreja: como o mundo sabe quem representa Jesus* (São Paulo: Vida Nova, 2016).

4. Empregar procedimentos de triagem e verificação para equipe e voluntários

A maioria dos agressores sexuais presume que você não fará nenhuma checagem sobre eles, porque a maioria das igrejas não fazem qualquer forma de verificação de antecedentes. Assim, outro passo importante na proteção contra predadores é a implementação de procedimentos de triagem e verificação para equipe e voluntários. Esses procedimentos detectarão quando os agressores sexuais estiverem rondando sua igreja. Não suponha que, porque um voluntário é um cristão professo, ele pode estar com seus filhos. Pergunte sobre seus antecedentes ou utilize serviços profissionais de triagem. Isso ajuda a verificar se não há sujeiras sob o tapete.

Conforme se descobre mais sobre a reincidência de predadores sexuais, a triagem e as verificações de antecedentes tornam-se o padrão de cuidado. Se ocorrer um incidente em sua congregação envolvendo um adulto não verificado que recebeu acesso a crianças, você pode ser acusado de negligência, sem mencionar o dano evitável infligido às crianças.

A fim de ter um processo eficaz de triagem e verificação, uma igreja deve considerar uma série de ferramentas para filtrar a equipe das crianças, incluindo uma inscrição por escrito, referências, entrevista, verificação de antecedentes e possivelmente impressões digitais. Um programa de triagem e verificação bem-sucedido depende do emprego de uma abordagem multifacetada, e não apenas de um desses meios.[4] Seu objetivo é verificar se não há informações escondidas de uma pessoa e nenhum comportamento criminoso em seu passado.

Uma verificação de antecedentes criminais tornou-se o padrão de atendimento para qualquer organização que trabalhe com crianças. Mas uma verificação de antecedentes por si só não é um meio eficaz de triagem. Por quê?[5]

---

4 Cobble, Hammer, e Klipowicz, *Reducing the Risk II*, p. 32.

5 Aprendemos isso com Kimberly Norris no treinamento básico do Ministry Safe. Veja também https://ministrysafe.com/the-safety-system/background-check/ [em inglês].

142 | MINISTÉRIO INFANTIL

+ Menos de 10% dos agressores sexuais terão antecedentes criminais registrados.

+ Os adolescentes abusadores não têm registros criminais pesquisáveis porque os registros juvenis geralmente não estão disponíveis.

+ Os agressores sexuais muitas vezes confessam delitos menores em julgamento.[6]

É por isso que você deve fazer entrevistas, usar perguntas de triagem e verificar referências. Esses itens adicionais podem ajudar a verificar se uma pessoa é recomendada e está apta para o serviço.

5. Considere cuidadosamente a configuração de suas instalações

Você já pensou em como pode ajustar o projeto do seu edifício para se proteger contra agressores sexuais que se infiltram em sua igreja? A configuração da construção (e a configuração estrutural da ala do ministério infantil) pode não ser a estratégia mais óbvia para lidar com agressores sexuais. É provavelmente a coisa que você é menos capaz de mudar em sua igreja. No entanto, existem ajustes simples (ou maiores) que você pode fazer para ajudar as crianças em sua igreja a estarem mais seguras.

Temos quatro objetivos para o desenho da área de ministério infantil:

1. Queremos um *único ponto de acesso* (entrada) para as crianças da população geral da igreja.

2. Queremos *limites físicos claros* que cerquem as crianças e voluntários aprovados e afastem aqueles que não deveriam ter acesso às crianças.

3. Devemos garantir que *não haja áreas isoladas* onde um adulto possa ficar sozinho com uma criança.

4. Queremos *visibilidade desobstruída* em todas as salas de aula.

Os três tipos de estruturas a seguir frequentemente caracterizam as igrejas. Esses desenhos de instalações abaixo são especialmente para as crianças mais novas (zero a cinco anos de idade) porque são as mais vulneráveis.

---

6 N.T.: Dados relativos aos Estados Unidos.

A configuração ideal. Esta configuração usa paredes para separar toda a área de ministério infantil do resto da igreja e um balcão de entrada centralizado, pelo qual todos os voluntários e crianças devem passar. Qualquer pessoa que vê esta configuração imediatamente recebe a mensagem: você não entrará aqui sem primeiro passar pelo registro de entrada.

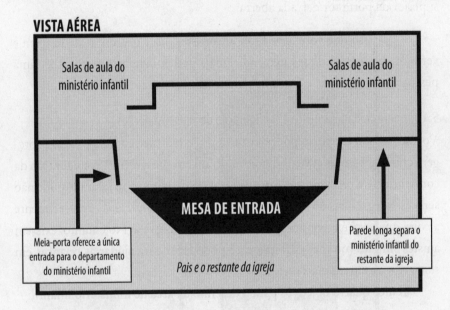

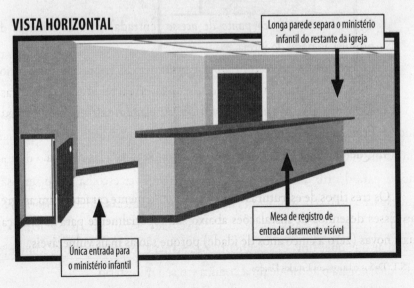

Uma boa alternativa. A segunda melhor opção seria um longo corredor com salas de aula marcadas com meias-portas (por exemplo, portas holandesas) na entrada de todas as salas de aula. A opção de meia-porta permite que você coloque um limite entre os pais no corredor e os professores e crianças na sala de aula. Também proporciona uma visibilidade considerável se a metade superior da porta for deixada aberta.

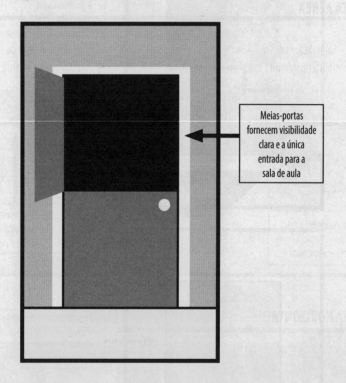

Meias-portas fornecem visibilidade clara e a única entrada para a sala de aula

Uma configuração ruim. A pior opção é uma entrada desobstruída onde as crianças (especialmente as mais novas) ou quaisquer adultos podem entrar ou sair, ou uma porta que pode ser fechada sem linha de visão diretamente para dentro da sala de aula. Se você não tiver escolha a não ser usar um espaço como o descrito aqui, considere usar câmeras para monitorar por vídeo os corredores e as salas de aula. Na verdade, a vigilância por vídeo pode acentuar qualquer uma das configurações acima e fornecer um impedimento adicional contra o abuso de uma criança em seu ministério.

Manter as crianças seguras (Parte 2) | 145

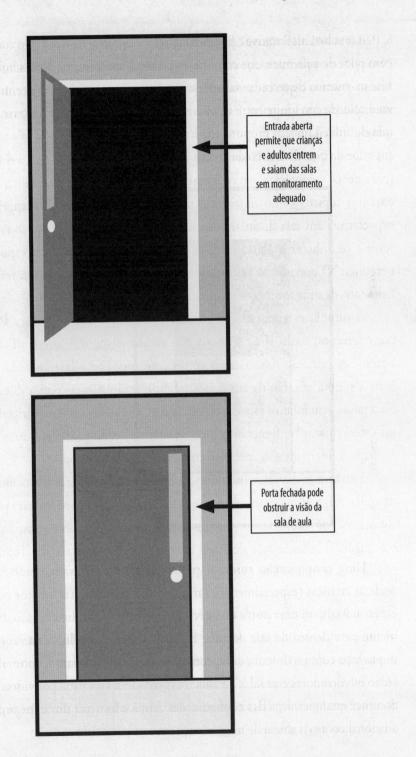

6. Treinar voluntários, equipe e líderes da igreja

Não podemos permitir que voluntários sejam despreparados ou descuidados. Nosso objetivo é que cada voluntário seja atencioso e cuidadoso e tenha uma mentalidade do evangelho. É nosso trabalho preparar esses voluntários com o que eles precisam saber.

Dois tipos de treinamento são importantes: a formação de nível básico (para novos voluntários) e o treinamento contínuo (para os veteranos). Abordaremos tópicos como uma visão para o ministério infantil, evangelismo, expectativas em sala de aula, diretrizes e procedimentos e, claro, como prevenir e reconhecer o abuso e a negligência infantil. Como você responde à pergunta: "O que nossos voluntários precisam saber para fazer seu trabalho fielmente, de uma forma que mantenha as crianças seguras?".

A autora e escritora de currículos Connie Dever costuma dizer: "Pregue bons sermões, e eles virão. Execute um excelente ministério infantil, e eles ficarão." A proteção das crianças começa no topo. Se a liderança da igreja levar a sério a questão da segurança infantil, então a igreja verá a diferença. Se o ministério infantil está desesperado por voluntários ou se o dirigente do ministério infantil enfrenta uma forte resistência a essas práticas, muitas vezes é porque a liderança não apoia ou simplesmente não se importa.

Também reservamos um tempo para preparar os líderes e funcionários da igreja. A ignorância equivale a dizer: "Estamos muito ocupados para pensar sobre isso". Má informação e pressuposições descuidadas sobre abuso infantil e negligência levam a más decisões quando as coisas dão errado. Tomamos medidas para treinar líderes que estão dispostos a ouvir e aprender.

7. Pensar proativamente em planos de resposta

Se um agressor sexual entrasse no prédio, sua equipe e voluntários saberiam o que fazer? Se uma criança foi abusada no ministério infantil, você saberia como lidar com o agressor? Você saberia como cuidar da vítima e de sua família? Você entende a legislação sobre abuso? Você sabe o que dizer aos pedidos de informações da mídia?

Os planos de resposta são cruciais porque fornecem um conjunto de procedimentos que orientam a resposta da igreja ao abuso infantil ou à chegada inesperada de um agressor sexual em seus cultos religiosos. Uma igreja com um plano de resposta mostra que a liderança e a equipe pensaram proativamente sobre essas coisas. Se não houver planos em vigor, o pastor improvisa quando algo terrível acontece. Ele mostra como estava despreparado para esse momento difícil. Para qual igreja você prefere levar seus filhos: para o ministério infantil bem planejado ou para a abordagem "faça o que seu coração mandar"?

8. Conhecer sua comunidade

Conheça os recursos da sua comunidade antes que ocorra um problema. Encontre bons médicos e conselheiros. Leve um funcionário do Conselho Tutelar local para almoçar, para que, quando chegar a hora, você possa fazer uma chamada telefônica para alguém que você conhece, em vez de uma chamada anônima para uma linha direta. Certifique-se de conhecer os melhores recursos e pessoal em sua comunidade para que você possa contatá-los se for necessário.

9. Preparar os pais

Em novembro de 2011, todas as principais redes americanas cobriram a notícia sobre o ex-treinador de futebol americano da universidade de Penn State, Jerry Sandusky, que foi acusado de abuso sexual de pelo menos oito rapazes em um período de quinze anos. Uma longa investigação do júri em 2010 e 2011 levou-o à prisão — e deixou uma marca negra em uma das escolas mais reverenciadas do futebol americano universitário. Em junho de 2012, Sandusky foi considerado culpado e condenado a trinta anos de prisão.

Na esteira desse escândalo, os pais de nossa igreja se perguntaram o que poderiam fazer para proteger seus filhos de crimes semelhantes. Durante semanas após o julgamento de Jerry Sandusky, fomos frequentemente abordados por pais que perguntavam: "Como falamos sobre abuso sexual com nossos filhos?". Aqui estão alguns exemplos do que fizemos para ajudá-los:

148 | MINISTÉRIO INFANTIL

+ Treinamos os pais para levar a sério sua responsabilidade de serem os primeiros discipuladores de seus filhos. Nós os encorajamos a investir profundamente na vida de seus filhos, para que os predadores não possam ter segredos com eles.

+ Instruímos os pais a não evitar conversas sobre sexo, mas falar abertamente com seus filhos de maneiras apropriadas à idade. Os pais podem criar um ambiente em casa que permita que seus filhos façam perguntas honestas.

+ Lembramos pais e mães sobre a importância de instruir as crianças sobre decoro, modéstia e limites respeitosos com outras crianças.

+ Preparamos os pais para conversar com seus filhos sobre o que fazer se um professor da escola dominical, vizinho ou parente tentar cruzar uma linha proibida.

+ Incentivamos a denúncia de todos os casos de suspeita de abuso às autoridades. Reforçamos a importância de denunciar *suspeitas* de abuso em vez de "acreditar no melhor".

Essas são algumas amostras do que fizemos. O ponto é: não deixe os pais de sua igreja resolverem isso por conta própria. Ajude-os a saber como manter seus filhos seguros e como evitar abusos.

10. Receber uma revisão de seu ministério

Depois de implementar um programa de proteção infantil, convide alguém de fora da sua igreja para acessar e revisar suas diretrizes e procedimentos. Você pode fazer parceria com outra igreja que está trabalhando com essas mesmas questões. Convide o pastor de crianças ou o dirigente do ministério infantil deles para examinar seu plano e sugerir maneiras de melhorar. Embora contratar um profissional para analisar suas diretrizes possa ser caro, é um uso sábio de fundos. Isso pode ajudar a proteger seus filhos e custa muito menos do que as despesas de um processo por negligência contra sua igreja.

ADOTE AS MELHORES PRÁTICAS PARA A GLÓRIA DE CRISTO E A HONRA DO NOME DE CRISTO

Preste atenção às notícias e você encontrará muitos casos de abuso em igrejas. A ignorância e o descuido causam problemas. Infelizmente, grande parte desse caos poderia ter sido evitado.

O que queremos? Esperamos ser administradores fiéis das crianças confiadas aos nossos cuidados. Protegemos nossos filhos, em primeiro lugar, porque os amamos. O abuso é maligno, e devemos fazer tudo ao nosso alcance para impedi-lo.

Mas também queremos preservar o testemunho do evangelho de nossas igrejas. Não queremos que nosso testemunho seja manchado por relatos de abuso. Não queremos ser conhecidos como "aquela igreja", onde ocorreu abuso contra as crianças; ou "aquela igreja", que lidou mal com casos de abuso; ou "aquela igreja", em que a liderança fez uma investigação interna e não envolveu investigadores criminais profissionais. Esse comportamento imprudente fere o nome de Cristo.

Empregamos as melhores práticas porque queremos honrar a Cristo. Não queremos que o nome dele seja jogado na lama. Glorificamos seu nome ao sermos fiéis com tudo o que ele nos pediu para fazer no ministério infantil, incluindo proteger nossas crianças e prevenir abusos.

Palavra de advertência: Alguns dirigentes do ministério infantil enfatizam sua incapacidade de implementar todas essas práticas, especialmente se sua igreja é pequena, tem poucos recursos e ainda não é saudável de maneira geral. Lembre-se, o objetivo é fazer o máximo possível para reduzir o risco. Nem todas as igrejas estarão prontas para empregar todas essas boas práticas ao mesmo tempo. Faça um plano para o que você gostaria de fazer, faça tudo o que puder e ore por todo o resto!

CAPÍTULO 10

ESTABELECER UM PLANO DE RESPOSTA PARA EMERGÊNCIAS

Bernardo, pai de gêmeos, parou no meu escritório (de Deepak) em uma manhã de segunda-feira. Depois de trocar algumas gentilezas, ele perguntou: "A escola de nossas crianças treinou uma evacuação de incêndio na semana passada. Você acha que estamos prontos se um incêndio acontecer em nossa igreja?".

Fiquei boquiaberto. Por um momento, imaginei um incêndio atravessando o prédio e como estaríamos mal preparados. Crianças podem morrer por causa da nossa falta de preparo. Desastroso. Quem quer algo assim?

Pouco depois que Bernardo saiu, liguei para a dirigente do ministério infantil e fiz perguntas sobre uma evacuação de incêndio. O que começou como uma pergunta de um pai atencioso terminou alguns meses depois com novas placas nas paredes, uma nova política de evacuação de incêndio, novos equipamentos e um novo treinamento de evacuação de incêndio uma vez por ano.

Emergências acontecerão. Esperamos isso em um mundo caído. Incêndios, atiradores, tornados, furacões, terremotos e até mesmo ameaças de bomba; escolha um deles, e podemos encontrar uma igreja que já enfrentou isso.[1] Vocês podem operar como se fossem os sortudos — "Esses desastres são

---

1 N. E.: Apesar de os exemplos citados serem mais comuns à realidade norte-americana, o leitor poderá se beneficiar deles ao utilizá-los como referência para possíveis situações emergenciais dentro do contexto brasileiro.

152 | MINISTÉRIO INFANTIL

tão difíceis de acontecer que provavelmente nunca passaremos por algo assim", mas fazer essa suposição é uma receita para problemas.

O objetivo deste capítulo é fazer com que você considere o planejamento para emergências. Você está pronto para quando o desastre acontecer?

ESTEJA PREPARADO

Sheila lia um livro de alfabetização para um casal de crianças de três anos. Jeremias brincava com dois garotos construindo uma casa com blocos de madeira. Um momento depois, alguém grita: "FOGO! TODOS PARA FORA!".

Sheila e Jeremias são responsáveis por esse grupo de crianças agitadas de três anos. O que acontece a seguir revela se eles foram treinados adequadamente para este momento. Considere duas opções.

Opção A. Eles entram em pânico e gritam direções para as crianças. Talvez Jeremias grite: "Eu os peguei", e então agarra dois meninos em seus braços e sai correndo pela porta. Sheila leva outras três crianças para fora, e elas correm pela escada mais próxima. Ninguém nunca disse a Sheila e Jeremias o que fazer, então eles responderam da melhor maneira que podiam no momento.

Opção B. Sheila e Jeremias — com alguma ansiedade, mas principalmente calma — juntam as crianças em uma fila, fazem uma contagem e, em seguida, conduzem as crianças de maneira ordenada ao longo de uma rota designada e para uma área de espera designada fora do prédio da igreja. Eles seguem o seu treinamento em um exercício de incêndio recente, e mesmo tendo esquecido alguns elementos, havia uma equipe próxima e placas suficientes na parede para lembrá-los do que fazer.

Pense por um momento: qual opção descreveria melhor como seus voluntários reagiriam?

Esteja preparado para emergências antes que elas aconteçam. Planeje e procure maneiras de prevenir possíveis problemas. Não deixe que um desastre alcance você desprevenido. Saia na frente e corte o mal pela raiz. Não pense em diretrizes e procedimentos somente *após* uma emergência causar estragos.

Considere alguns princípios enquanto se prepara para *qualquer* tipo de emergência:

* **Obtenha treinamento e converse com especialistas na área.** Policiais, bombeiros, enfermeiros e socorristas são especialistas no que fazem. Eles sabem mais do que você sobre esse tema, então faça uma aula ou consulte-os (especialmente se alguns deles fazem parte de sua congregação).
* **Compre equipamentos e prepare a área do ministério infantil.** Consiga transportadores de bebês que os hospitais usam em caso de incêndio. Compre corda com laços para crianças pré-escolares segurarem durante as evacuações. Coloque fechaduras no interior das portas, para o caso de precisar trancar um andar inteiro a fim de evitar que um atirador entre, e coloque kits de primeiros socorros nas salas de aula em caso de um incidente médico (como uma criança se cortando). Em seguida, faça inspeções periódicas para garantir que seu equipamento continua adequado para uso regular. Por exemplo, mantenha os extintores de incêndio na validade e testados, verifique se as baterias estão frescas em seus detectores de fumaça e CO_2 e verifique se os kits de primeiros socorros estão devidamente abastecidos com suprimentos.
* **Escreva diretrizes.** Crie uma política para vários cenários de emergência para que você não responda de improviso ou que os voluntários não inventem as coisas na hora. É preciso ter diretrizes e expectativas claras sobre como responder. Quando Bernardo aparecer em seu escritório e perguntar: "Sabemos o que fazer em caso de incêndio?", você pode apontar para suas diretrizes e oferecer respostas claras.
* **Pratique.** Uma diretriz escrita ajuda, porque força você a pensar nas etapas com antecedência. Mas como você sabe, o que está no papel nem sempre funciona bem na vida real. Execute um exercício de evacuação em caso de incêndio ou de alguém armado, e teste suas políticas. O que você colocou no papel é útil ou não funciona? Os exercícios ajudam os

154 | MINISTÉRIO INFANTIL

voluntários a aprender o que fazer, praticando as etapas reais. Mude os cenários ao redor. E se o fogo bloquear uma de suas entradas ou não permitir a saída de uma sala de aula?

- **Recrute a ajuda da congregação.** Se uma criança tem uma reação alérgica violenta a amendoim ou sofre um corte profundo em um acidente, há um médico ou enfermeiro no edifício que possa ajudar? O pessoal médico no culto sabe que quando aparece "888" nas telas de avisos, temos uma emergência médica nos andares do ministério infantil. Eles correm para a mesa principal do ministério infantil para ajudar. Ou se você tiver duzentas crianças pequenas naquele andar, considere a criação de uma equipe de pais e outros homens que se apressarão para evacuar as salas de bebês e crianças pequenas durante uma evacuação de incêndio.

Vamos considerar dois cenários assustadores: um incêndio e um atirador. O que você deve ter em mente?

Exemplo 1: Segurança contra incêndio

Os incêndios são extremamente perigosos.[2] As igrejas são especialmente vulneráveis porque os edifícios muitas vezes ficam desocupados durante a maior parte da semana. De acordo com a Administração de Incêndios dos EUA, o fogo atinge 1300 igrejas todos os anos, causando danos de US$ 38 milhões.[3] Os protocolos de segurança contra incêndios e as medidas de prevenção podem salvar vidas. Portanto, leve isso a sério. Não menospreze essa informação.

---

2 Veja o material da seguradora Church Mutual, *Fire Safety in Your Worship Center*, https://www.churchmutual.com/media/pdf/fire_safety.pdf. Veja também "Our Top Church Fire Safety Tips — Keep Your Congregation Safe!", Dial My Calls, https://www.dialmycalls.com/blog/top-10-fire-safety-tips-church (acessado em 22/6/2022).

3 "Fire Safety: Create an Evacuation Plan Before an Emergency Happens", Brotherhood Mutual, https://www.brotherhoodmutual.com/resources/safety-library/risk-management-articles/disasters-emergencies-and-health/fire-safety-and-prevention/fire-safety-create-an-evacuation-plan-before-an-emergency-happens/ (acessado em 22/6/2022).

Incêndio criminoso é a principal causa de incêndios nas igrejas, seguido de falhas mecânicas. Outras causas de incêndios na igreja incluem fiação antiga em edifícios que não conseguem lidar com as demandas elétricas, cabos de extensão, descuido com velas ou decorações festivas e pessoas encobrindo crimes como roubo.[4] As instalações de igrejas mais antigas, construídas antes que as legislações exigissem sprinklers [chuveiros automáticos] e materiais não combustíveis, são suscetíveis à propagação rápida de chamas. Se vocês se reúnem em um prédio mais antigo, é crucial pensar onde um incêndio pode bloquear uma rota de fuga e elaborar um plano alternativo.

Considere as seguintes diretrizes de segurança contra incêndio para proteger as crianças sob seus cuidados.

1. Invista em equipamentos de segurança contra incêndio

Melhore a detecção antes que o problema apareça. Você tem sistemas de alerta precoce (como detectores de fumaça ou monóxido de carbono) e equipamentos de prevenção de incêndio (como extintores e sprinklers) em toda a área infantil?[5]

2. Inspecione regularmente

Ao inspecionar, considere os seguintes elementos:[6]

+ **Estrutural:** Certifique-se de que as portas se abrem para fora para permitir uma saída rápida em caso de incêndio. Verifique se as portas estão claramente marcadas com placas de "SAÍDA" e desobstruídas. Em seus corredores, coloque placas com rotas de fuga e plantas baixas, para que fique evidente aos voluntários e professores. Verifique se as

---

4   Veja *Fire Safety in Your Worship Center*, p. 2. Veja também "Fire Safety: Create an Evacuation Plan Before an Emergency Happens".

5   "Deve haver pelo menos um extintor de incêndio a cada 200m², pelo menos um extintor em cada andar de seu prédio". Confira o código de incêndio local e faça uma inspeção para garantir que os requisitos de segurança em sua comunidade estão sendo atendidos. Veja *Fire Safety in Your Worship Center*. [Para verificar a legislação de segurança contra incêndio no Brasil, acesse o site do Corpo de Bombeiros de seu estado.]

6   Adaptado de *Fire Safety in Your Worship Center*.

reformas, adições ou remodelações seguem os códigos de incêndio e são inspecionadas por um chefe de brigada de incêndio.

+ **Manutenção:** Não use decorações combustíveis, especialmente nas festas de fim de ano. Não coloque itens inflamáveis (como panos ou decorações de papel, cortinas ou tapetes) perto de tomadas de luz, tomadas, fiação ou outras fontes de calor. Verifique se os seus estofados e mobiliário são feitos de um tecido retardador de fogo. No mesmo dia (ou pelo menos dentro de alguns dias), limpe os detritos e o lixo e coloque tudo nos recipientes apropriados fora do edifício. Certifique-se de que as áreas da cozinha sejam limpas e mantidas em boas condições (especialmente fogões, queimadores ou exaustores de ventilação).

+ **Elétrica:** Não deixe os cabos elétricos ou extensões ficarem desgastados, desencapados ou ressecados. (Se ficarem, jogue-os fora e substitua-os!) Verifique se todos os principais aparelhos (condicionadores de ar, refrigeradores etc.) estão devidamente aterrados. Observe os cabos de extensão e as réguas de alimentação para garantir que eles não estejam sobrecarregando seus circuitos. Certifique-se de que todas as tomadas de parede e interruptores de luz estejam cobertos com placas. Se o seu prédio tiver mais de trinta anos, inspecione a fiação com um eletricista qualificado.

+ **Prevenção de incêndio:** Inspecione os sistemas de alerta precoce (como detectores de fumaça) e teste para garantir que eles estejam em funcionamento e que as baterias estejam carregadas. Conecte seu equipamento de segurança a um circuito em seu prédio. Isso eliminará a necessidade de trocar as baterias regularmente. Se você tiver equipamentos operados por bateria, considere trocar as baterias duas vezes por ano, uma vez no início e outra no meio do ano. Certifique-se de que os extintores estejam em locais de fácil acesso,[7]

---

7 Deve haver um extintor a no máximo 25m de qualquer local da área infantil.
N.E.: Para verificar a legislação de segurança contra incêndio no Brasil, acesse o site do Corpo de Bombeiros do seu estado.

claramente visíveis e que as instruções de operação estejam próximas e legíveis. Inspecione seus extintores regularmente e tome notas sobre as inspeções. Pelo menos anualmente, peça a um profissional que também inspecione, teste e recarregue os extintores e anote na etiqueta anexada aos extintores.

3. Faça um treinamento de segurança contra incêndio

Pense nas rotas de segurança contra incêndios e elabore um plano. Em seguida, execute um treinamento que familiarize os voluntários com as rotas de saída e a como reagir adequadamente.

4. Faça uma reunião de segurança contra incêndio uma vez por ano

Reúna sua equipe e líderes principais anualmente para conversar sobre os planos de evacuação e examinar o equipamento de segurança contra incêndio (por exemplo, inspecione os sistemas de alerta precoce, identifique a localização dos extintores e procure materiais com risco de incêndio, como cabos de extensão desgastados etc.).

5. Escreva uma diretriz de segurança contra incêndios

Peça a um profissional dos bombeiros para checar e, em seguida, siga os padrões estabelecidos. Se está escrito que deve ser feito um treinamento de incêndio uma vez por ano, então faça.

6. Fale com bombeiros e com sua seguradora

Peça a esses profissionais para fazerem uma avaliação de risco, andarem pelas instalações com você para oferecer dicas e ajudá-lo a pensar na melhor forma de evitar incêndios.

Vamos à prática: planeje uma fuga geral[8]

Como praticar um exercício de incêndio em um ministério infantil é algo bastante incomum, incluímos detalhes de como configurar essa prática. Use

---

8 Retiramos esse título de "Fire Safety: Create an Evacuation Plan Before an Emergency Happens".

158 | MINISTÉRIO INFANTIL

isto como uma lista de verificação inicial para ajudá-lo a preparar e conduzir um treinamento.

Nós encorajamos você a executar o exercício durante o culto de adoração. Isso permite que você chegue o mais perto possível de imitar uma situação da vida real que requer evacuação. Quando você apresentar essa ideia ao seu pastor principal pela primeira vez, pacientemente e amorosamente convença-o do valor de se preparar com antecedência.

Coisas a considerar antes de uma simulação de incêndio (ou um incêndio real):

- Pense na planta do edifício e nas melhores rotas para evacuar o local, bem como nas áreas de encontro designadas fora do edifício para as diferentes faixas etárias. Escreva isso no seu plano de evacuação.
- Coloque sinalização adequada nas salas de aula e corredores do ministério infantil. As placas devem descrever o que fazer e quais rotas tomar durante um incêndio.
- Atribua responsabilidades para que todos saibam sua função durante um incêndio real. Por exemplo, quem ligará para os serviços de emergência? Quem escoltará as crianças para zonas de segurança designadas? Quem organizará a equipe de evacuação ao chegar para ajudar os cuidadores das crianças?
- Planeje a possibilidade de condições climáticas adversas durante um incêndio real. Não presuma que um plano sempre funcionará com tempo bom.
- Certifique-se de que qualquer plano que você desenvolva funcione em sincronia com os outros planos de emergência operacionais, como adultos evacuando o templo durante um incêndio.
- Você possui o equipamento de evacuação de incêndio adequado? Você pode comprar carrinhos para carregar vários bebês de uma só vez, berços sobre rodas ou cordas de caminhada com alças para crianças pequenas se agarrarem enquanto evacuam o prédio.

Estabelecer um plano de resposta para emergências | 159

- Treine seus principais líderes, voluntários e equipes de evacuação (se você os tiver). Certifique-se de que todos saibam o que fazer.

- No seu dia anual de segurança contra incêndio, faça um passo a passo do treinamento. Peça à equipe de ministério infantil para preparar o equipamento e percorrer as rotas. Se você estiver usando tecnologia, certifique-se de que ela funcione.

- Como mencionado anteriormente, descreva suas boas práticas em uma diretriz de evacuação de incêndio. Certifique-se de que alguém na liderança da sua igreja leia sua diretriz e dê seu aval.

- Determine um ponto de encontro que esteja suficientemente longe do perigo. Para uma emergência de incêndio, pode ser no seu estacionamento.

- Notifique os pais sobre seu plano de simulação de incêndio com antecedência. No dia do exercício, avise à congregação no início do culto, para que ninguém fique surpreso quando ouvir o barulho dos pezinhos entrando e saindo do prédio.

O que fazer durante a simulação:

- Realize o exercício durante seus horários mais movimentados para ver se seu plano se sustenta antes que a situação real aconteça.[9] Mas escolha um horário que perturbe menos a pregação. Execute o treinamento antes do sermão do seu pastor para que não haja distração para os adultos ao ouvir a Palavra de Deus sendo pregada.

- Apenas alguns minutos antes da simulação, peça a um líder de equipe que passe e notifique cada voluntário com algumas instruções básicas. Sim, isso mesmo — vamos pegar a equipe de surpresa. Isso os faz operar mais perto de um cenário da vida real. Você pode até mesmo

---

9 Brotherhood Mutual, "Fire Safety: Create an Evacuation Plan Before an Emergency Happens".

realizar um segundo exercício sem aviso prévio na semana seguinte para ver como seu ministério reage sem qualquer aviso.

- Certifique-se de que os voluntários contem as crianças *antes* de sair do prédio.
- Não faça a simulação em condições climáticas adversas. Aqui, fazemos um exercício apenas durante os meses mais quentes, quando a temperatura é ideal para as crianças ficarem do lado de fora.
- Faça uma segunda contagem *depois* que os voluntários e as crianças chegarem ao ponto de encontro seguro designado.
- Após a conclusão da contagem, se todos forem contabilizados, o líder responsável dá o sinal "tudo certo" para que todos retornem ao prédio.

O que fazer após a simulação:

- Avalie como o processo foi para que você esteja preparado para a coisa real. Seja humilde o suficiente para admitir onde é possível melhorar.
- Reescreva a diretriz de segurança contra incêndio para refletir quaisquer alterações que precisem ser feitas.

Alguns itens adicionais durante uma evacuação real:

- Você deve se comunicar com os pais no templo para que não haja confusão. Você pode pedir ao líder do culto que diga: "A ala das crianças está sendo evacuada (explique a razão). Não peguem seus filhos agora ou vão atrasar a evacuação. Em alguns minutos, daremos a vocês a autorização para encontrar seus filhos e diremos onde encontrá-los (em suas salas de aula ou nas zonas de segurança designadas)".
- Você precisará de um sistema (mensagens de texto em grupo ou um monitor digital no templo que exiba um número relativo à evacuação de incêndio como, por exemplo, 999) que notifique todas as partes apropriadas que precisam estar envolvidas.

Estabelecer um plano de resposta para emergências | 161

Exemplo 2: Atirador

De acordo com o Arquivo de Violência Armada americano (GVA),[10] houve mais de seiscentos tiroteios em massa nos Estados Unidos em 2020. Os critérios do GVA para um tiroteio em massa requerem que pelo menos quatro pessoas sejam baleadas, não incluindo o atirador. Tiroteios em massa ocorrem em empresas, repartições do governo, eventos públicos, e sim, em igrejas. Preparar sua equipe para responder a um incidente com um atirador salvará vidas.

Um plano de evacuação só funciona quando o atirador está longe da rota de evacuação das crianças. Se houver um atirador ativo, evacuar as crianças de suas salas de aula pode ser potencialmente perigoso. Podemos erroneamente enviar crianças diretamente para a linha de fogo. Ao mesmo tempo, os métodos tradicionais de confinamento e refúgio no local podem deixar as crianças vulneráveis a um atirador que se aproxima quando elas poderiam ter evacuado com segurança através de uma porta dos fundos.

Cada incidente é diferente. Prepare sua equipe para estar pronta para várias possibilidades. Isso pode salvar vidas. O Departamento de Segurança Interna dos Estados Unidos promove uma estratégia de "Correr, Esconder, Lutar",[11] em que a resposta da vítima varia dependendo da situação. A Agência Federal de Gestão de Emergências (FEMA) oferece um curso gratuito sobre como responder a um atirador que pode ser feito online.[12]

Considere as cinco diretrizes a seguir ao se preparar para um atirador.

---

10 "Charts and Maps," Gun Violence Archive, https://www.gunviolencearchive.org (acessado em 22/6/2022).

11 "Active Shooter Attacks: Security Awareness for Soft Targets and Crowded Places", Homeland Security, https://www.fema.gov/sites/default/files/2020-03/fema_faith-communities_active-shooter.pdf (acessado em 22/6/2022).

12 "Active Shooter: What You Can Do", FEMA, https://training.fema.gov/is/courseoverview. aspx?code=is-907 (acessado em 22/6/2022).

162 | MINISTÉRIO INFANTIL

1. Receba treinamento sobre como responder a um atirador

Faça o curso da FEMA e exija que sua equipe também o faça. Procure a ajuda do programa ALICE[13] para treinar sua igreja sobre como responder.[14] Por exemplo, nunca presuma que os estampidos altos que você ouve vindo do saguão da igreja são "fogos de artifício". Quando foi a última vez que você ouviu falar de uma pessoa disparando fogos de artifício em um saguão de igreja?

2. Modifique seu plano de evacuação de incêndio

Além de colocar rotas de evacuação de incêndio em salas de aula e corredores, adicione rotas de evacuação para emergências de atirador que incluam janelas do primeiro andar que abrem ou podem ser quebradas, para fornecer uma maneira de escapar caso o caminho de evacuação de incêndio o leve ao perigo.

3. Prepare suas salas de aula e esteja preparado

Instale persianas de emergência nas portas da sala de aula para impedir que um atirador perceba a dimensão da sala. Esteja preparado para mover os móveis para bloquear uma porta em um curto espaço de tempo. Indique o número da sala de aula dentro da sala e nas janelas externas para ajudar seus professores a identificar o número da sala em caso de emergência. Essas sinalizações podem fornecer ao pessoal de resgate as informações necessárias para localizar sua sala a partir do exterior do prédio.

4. Elabore uma diretriz de resposta a um atirador

Um plano de evacuação de incêndio não é suficiente para ser adaptado para uma situação com um atirador ativo. Resumindo: você precisa de um plano distinto. Exija que sua equipe leia seu novo plano e alerte sua igreja sobre os princípios fundamentais da diretriz. Por exemplo, é um procedimento padrão evacuar durante um incêndio, mas a evacuação pode ou não ser a melhor resposta em uma situação de atirador. Em uma evacuação de

---

13   ALICE Training, https://www.alicetraining.com (acessado em 22/6/2022).
14   N.T.: Treinamentos referenciados para o contexto norte-americano.

incêndio, você usa as portas e os corredores, mas em uma situação de atirador você pode precisar sair pelas janelas do primeiro andar se o perigo estiver vindo da saída de incêndio normal.

5. Trabalhe com a polícia local

Entre em contato com a polícia local. Ofereça a eles uma cópia da planta do seu prédio marcada com os números precisos das salas e a localização das crianças. Certifique-se de que todos os seus membros saibam que devem ligar para o 190[15] em caso de emergência.

Não deixe que todas as suas ocupações impeçam você de dar os primeiros passos, fazer o curso de formação de uma hora da FEMA, entrar em contato com a polícia, e escrever uma diretriz. Um pouco de trabalho e treinamento pode ajudar muito a prepará-lo para um atirador real no local.

Que outras emergências posso enfrentar?

A sala começa a tremer tão violentamente que as coisas caem das paredes, as crianças caem no chão e as pessoas começam a gritar. Um terremoto.

As sirenes tocam em sua comunidade e você corre para se esconder em um porão. Um tornado.

Uma explosão irrompe no saguão e você pode ouvir pessoas gritando. Uma bomba.

Uma criança de repente cai, e sua cabeça e braços começam a tremer violentamente. Uma convulsão.

Adicione a isso um incêndio ou um atirador, e você pode ficar sobrecarregado. A triste realidade é que qualquer um desses cenários pode acontecer sob o seu teto. Faça tudo o que puder para zelar pelas crianças confiadas aos seus cuidados, sabendo que pode não ser possível prever todas as contingências. No fim das contas, nossa maior esperança precisa estar no cuidado e proteção do Senhor sobre as nossas crianças.

---

15 N.T.: Número de telefone da Polícia Militar, que deve ser acionada em casos emergenciais. Ligações para o 190 feitas de todo o território brasileiro são gratuitas.

ATENTE PARA SEUS PASSOS

"Tudo certo". Eu (Deepak) olhei para os dois lados na rua. As crianças estavam em vários jardins cercados, com voluntários atenciosos monitorando cada grupo de crianças. Com a orientação de nossos líderes de equipe, os cuidadores e as crianças voltaram para o edifício da igreja.

Fiquei ali com uma sensação de satisfação. Tínhamos acabado de executar nossa primeira simulação de incêndio ao vivo. Isso é algo importante. Eu tinha sido pego desprevenido por Bernardo no início daquele ano, quando ele perguntou se estávamos prontos para responder em caso de incêndio. A resposta naquele dia foi "não". Agora, era "sim".

Quando entrei na igreja para conversar com nossos líderes de equipe, o provérbio de Salomão estava em minha mente: "O simples dá crédito a toda palavra, mas o prudente atenta para os seus passos" (Pv 14.15).

O homem simples pode pensar: "Isso é tão raro; por que se preocupar em fazer uma simulação?". Ou: "Eu tenho tantas outras coisas para lidar; não tenho tempo!". Não quero ser tolo com respeito a estar preparado para emergências. Você quer?

A sabedoria diz: "Como desastres acontecem, vamos nos preparar" e "A segurança é nosso objetivo número um, então estaremos prontos quando acontecer". A sabedoria não cederá à preguiça, à ocupação, ao mau planejamento ou à simples ignorância. Em vez disso, a sabedoria pensa. Ela lê; conversa; planeja; se prepara; ora. E, finalmente, ela age.

Mas isso é mais do que apenas ser responsável. Prestaremos contas perante Deus, o Juiz de todo o universo. Ele se preocupa com o que fazemos no ministério infantil, porque o Senhor ama nossos filhos ainda mais do que nós. À sombra da cruz, a responsabilidade pessoal resulta em fidelidade. Porque Deus é fiel e comprometido, nós também somos. Faremos tudo o que pudermos para sermos contados entre os fiéis no último dia.

CAPÍTULO 11

ADMINISTRAR A SALA DE AULA

Gabriel caminhou até a sala de aula para buscar suas filhas, Ema e Georgia. Ele se abaixou quando um avião de papel voou sobre sua cabeça. Quando olhou, o professor argumentava com Tales, que estava em cima de uma mesa, e Carlos, que fazia bolinhas de papel e jogava em outros alunos. Dois outros meninos, Lorenzo e Judson, corriam pela sala, um perseguindo o outro em uma brincadeira de pega-pega.

"Minha nossa". Os olhos ansiosos de Gabriel se moverem pela sala para encontrar suas filhas. Ele murmurou baixinho: "Este lugar é um zoológico". Felizmente, ninguém na sala barulhenta o ouviu. Ele tirou Ema e Georgia da sala o mais rápido possível.

Entre as muitas coisas necessárias para o ministério infantil, administrar uma sala de aula ordenada, atenciosa e divertida está perto do topo da lista de prioridades. As crianças não seguem as regras ou agem com respeito naturalmente. O pecado delas atrapalha a possibilidade sofisticada de uma sala de aula ordenada e bem-comportada.

Os voluntários da escola dominical são cristãos sérios, geralmente sem treinamento profissional sobre como administrar uma sala de aula de crianças. Se você supervisiona duas crianças, não é muito difícil. Se você tem uma sala de aula de quinze crianças, no entanto, então há muito mais para gerenciar. Não basta dar algumas orientações, ler alguns versículos e ficar andando entre

166 | MINISTÉRIO INFANTIL

as crianças por cinquenta minutos. Isso não funcionará. As crianças precisam de orientação atenciosa e liderança em sala de aula.

Este capítulo é uma visão geral concisa da administração de uma sala de aula.[1] O dirigente do ministério infantil deve treinar os professores em como lidar com os desafios comportamentais na sala de aula. Problemas comportamentais são obstáculos para uma boa experiência no ministério infantil. Então, vamos pensar cuidadosamente sobre como desenvolver um ambiente de sala de aula saudável e administrar eficientemente o comportamento.

Nosso objetivo final não é a ordem e o bom comportamento. A ordem, a rotina e a estrutura são um meio para um fim muito maior: desejamos uma sala de aula bem administrada *para que possamos ensinar e servir de exemplo do evangelho*. Disciplina em sala de aula não mudará os corações caídos de nossos alunos. Mas a mensagem do evangelho apresentada em uma sala de aula ordenada pode fazer exatamente isso.

ESTABELECENDO UM AMBIENTE SAUDÁVEL DE SALA DE AULA

O que cria uma boa experiência em sala de aula? O que faz as coisas correrem bem? O que facilita o aprendizado do evangelho e remove as distrações normais das crianças inquietas?

Uma classe bem administrada requer cinco componentes: amor, liderança, regras, rotina e diversão.

Comece com amor

Comunique seu afeto pelas crianças em sua classe e garanta que seus professores e ajudantes saibam fazer o mesmo. Ouvimos um professor sábio dizer uma vez: "Você recebe mais daquilo que incentiva". Gritar ordens e ameaças às crianças pode melhorar seu comportamento, mas não conquistará seus corações. Adaptando a analogia de Paulo: ainda que eu tenha toda a ordem em

---

1 Somos gratos a um incrível grupo de professoras profissionais — Sarah Chen, Alina Banu, Lauren Wolfe, Janaína Miller e Allison Kaczowka — que responderam a perguntas e nos ajudaram a compor este capítulo.

sala de aula e ordene obediência rigorosa, "se não tiver amor, serei como o bronze que soa ou como o címbalo que retine" (1Co 13.1).

Paulo expressava regularmente seu afeto pelos crentes sob seus cuidados. Ele falou dos santos com ternura, como seus próprios filhos: "nos tornamos carinhosos entre vós, qual ama que acaricia os próprios filhos" (1Ts 2.7). Se Paulo falou dessa forma a adultos, quanto mais nós devemos nos relacionar com as crianças em nossas salas de aula com encorajamento e carinho?

Exercite liderança

Os adultos são responsáveis pelo que acontece na sala de aula, não as crianças. Deus demonstra autoridade boa e amorosa para conosco, e assim nos chama a fazer o mesmo. O Senhor confia aos adultos a vida das crianças e encarrega-os da disciplina e da formação dos seus filhos para o seu bem. Isso requer liderança. Se um adulto não estiver disposto a liderar as crianças, não deve ser voluntário. Dissemos aos nossos professores da escola dominical: "Você é o chefe, então aja como tal".

Qualquer adulto pode ser tentado a brincar, agir como uma criança, e ser bobo. Embora haja certamente um tempo para rir e se divertir com as crianças, se você não agir como um adulto, não será respeitado pelas crianças. Assim, os adultos devem agir como adultos. Eles devem assumir o comando porque Deus lhes deu uma autoridade benevolente para liderar e amar crianças pequenas.

Apresente regras claras

Os professores precisam definir algumas regras básicas em sala de aula para as crianças. Algumas regras são explícitas: Ouvimos durante a hora da história. Ouvimos o professor e outras crianças. Não fale junto com os outros. Levante a mão se tiver alguma pergunta. Dividimos uns com os outros. Tratamos todos — adultos e crianças — com respeito. Algumas regras são mais implícitas: Você deve fazer o que se pede. Não se deve ignorar os professores.

Deixe as regras claras e revise-as juntos no início de cada encontro. Em algumas salas de aula, colocamos as regras em letras grandes em um grande cartaz afixado na parede. Isso facilita, permite que todos saibam o que está sendo pedido a eles, dando às crianças uma dica visual quando o cartaz diz em fonte grande:

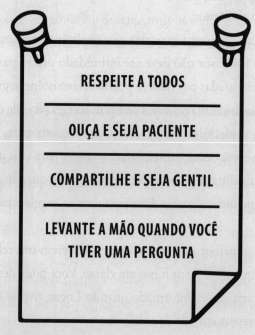

RESPEITE A TODOS

OUÇA E SEJA PACIENTE

COMPARTILHE E SEJA GENTIL

LEVANTE A MÃO QUANDO VOCÊ TIVER UMA PERGUNTA

As regras só são úteis se você as relembrar e reforçar. Pedro relembrou as regras no início da aula da escola dominical em sua turma de seis anos. Cerca de 15 minutos depois, enquanto ensinava sobre a morte de Jesus na cruz, todas as dez crianças ouviam e prestavam atenção. Ele fez uma pausa e elogiou as crianças por seu comportamento excepcional. "Fico muito feliz de ver vocês sentados tão quietos e ouvindo nossa lição!" As crianças crescem com incentivo e reforço positivo.

Quando os adultos são inconsistentes com suas regras, eles não apenas prejudicam seus alunos, mas também se prejudicam. Alguns adultos são lenientes porque não querem ser vistos como severos, maus ou mesquinhos. No entanto, não é surpresa: se um adulto definir expectativas baixas e for inconsistente, as crianças seguirão o exemplo. Esse mesmo adulto será dominado pelas crianças, que se aproveitam de um ambiente solto e desorganizado.[2]

As crianças precisam de consistência. É crucial que o professor siga as regras. Com as crianças mais velhas, o professor pode criar as regras junto com seus alunos, o que dá a eles maior senso de responsabilidade sobre as normas desenvolvidas em conjunto.[3]

Poucas regras, clemência excessiva e inconsistência podem arruinar uma sala de aula. Um professor não deve ser intimidado por regras firmes, desde que elas sejam sustentadas por reforço positivo, consistência, graça e amor.

Quando as crianças se recusam a cumprir as regras da sala de aula, envolva seus pais. Como professores, carregamos uma pequena parte de autoridade delegada, mas devemos deixar a disciplina dos alunos para seus pais. Não hesite em chamar os pais durante o culto ou falar com eles quando chegarem para buscar o filho. Aqui estão algumas dicas para usar ao envolver os pais:

- Presuma o melhor dos pais, e que eles querem um relatório sobre o comportamento de seus filhos em classe. Você pode dizer: "Eu sei que você gostaria de ser informado quando Logan tivesse dificuldade em seguir as regras em sala de aula".
- Descreva o comportamento da criança, mas não atribua um motivo, não rotule nem julgue a criança. Diga: "Quando pedi a Logan para compartilhar com as outras crianças, ele respondeu: 'Não, eles não compartilham comigo', e então se recusou a participar e se juntar ao círculo de leitura. Foi quando pensei que seria melhor pedir que você falasse com ele".
- Incentive os pais. Você pode agradecer-lhes por seu cuidado com o filho, fazer um comentário sobre as dificuldades que você enfrentou na criação de seus próprios filhos e reforçar o amor de Deus por eles e seus filhos e o quanto precisamos do Espírito de Deus para nos ajudar.

---

2 Essa ideia de adultos lenientes sendo dominados por crianças vem de correspondência pessoal com Sarah Chen (4/1/2021).
3 Essa ideia vem de correspondência pessoal com Sarah Chen (4/1/2021).

- Peça aos pais que fiquem na classe. Em algumas ocasiões, pedimos aos pais que ficassem na classe para ajudar a orientar a criança durante a aula e para ajudar o professor a entender a melhor forma de pastorear e cuidar dessa criança específica. Há muita coisa que o professor pode perceber observando um pai disciplinando seu filho.

Estabeleça uma rotina de aula

Considere dois cenários. No primeiro, o pequeno Júnior entra em uma sala de aula e o professor diz: "Apenas faça o que quiser por enquanto". Júnior — que normalmente é uma criança nervosa — se pergunta: "O que devo fazer agora? O que as outras crianças estão fazendo?". Você sente a ansiedade dele aumentando ao enfrentar a incerteza do momento.

No segundo cenário, o pequeno Júnior já frequenta sua classe de sete anos há seis meses. Ele conhece a atividade inicial: eles sempre pintam uma folha nos primeiros cinco minutos de aula. Quando um número suficiente de alunos chega, o professor, sr. Jonas, começa com "Bom dia, turma" e, em seguida, ele lembra as crianças sobre as regras da sala de aula. Essa rotina bem estabelecida tem sido o início de todas as aulas nos últimos seis meses. Júnior sabe o que fazer (pintar), quando fazer (assim que chega) e por quanto tempo fazer (até o sr. Jonas dizer: "Bom dia, turma"). Ele conhece a rotina, então não há incerteza ao chegar.

As crianças crescem com ordem, estrutura e previsibilidade, como no segundo cenário. Isso os ajuda a ter sucesso. Um ambiente totalmente livre (como no primeiro cenário) não é bom para as crianças. Isso leva ao caos, a ansiedade e frustração para adultos e crianças. Se Júnior sabe o quê, o quando e o porquê de sua classe da escola dominical, isso lhe proporciona uma sensação de segurança e o protege da ansiedade do desconhecido. Uma estrutura e rotina bem estabelecidas tornam a aula previsível para Júnior e, portanto, mais segura e agradável.[4]

---

4 Esse parágrafo é baseado em correspondência com Allison Kaczowka (4/1/2021).

Pode ser útil colocar o programa em letras grandes em uma cartolina na parede da sala para que seja visível a todos. Isso será útil para novos professores, como o sr. Jonas. Em suas primeiras semanas de ensino, ele fazia uma pausa e olhava para o programa para se lembrar do que a turma deveria fazer em seguida. Como o cartaz tinha letras grandes, o sr. Jonas podia vê-lo de qualquer lugar da sala de aula.

Hora da chegada	—	*Sentar-se em silêncio*
Hora da adoração	—	*Cantar com alegria*
Hora da história	—	*Ouvir com atenção*
Hora da atividade	—	*Fazer com diligência*
Hora do lanche	—	*Comer com educação*
Hora da revisão	—	*Pensar com cuidado*
Hora livre	—	*Conversar baixo*
Hora da saída	—	*Esperar com paciência*

Torne suas lições sempre envolventes e divertidas

Suponha que o sr. Jonas, em uma voz monótona e baixa, leia a história de Davi e Golias (1Sm 17) para dez crianças de sete anos por 36 minutos. O que aconteceria? Mesmo que seja uma história emocionante, as crianças ficariam inquietas e distraídas em questão de minutos. Algumas crianças podem começar a fazer caretas umas para as outras ou começar a cutucar umas as outras. Elas ficam mais inquietas e frustradas quanto mais a voz do sr. Jonas prossegue.

172 | MINISTÉRIO INFANTIL

Os professores devem pensar proativamente em como tornar a experiência em sala de aula envolvente. Por exemplo, em uma classe típica de sete anos, você terá uma mistura de crianças que sabem ler e que não sabem. E se o sr. Jonas subisse em uma cadeira em todas as falas de Golias e fizesse uma voz grossa enquanto as falava? Como as crianças reagiriam? Os olhos delas estariam fixos em sua apresentação.

Também é bom dar às crianças que não sabem ler um pedaço de papel para desenhar enquanto você apresenta a lição. O sr. Jonas poderia dizer: "Aqueles que não sabem ler, desenhem esta história enquanto eu a leio em voz alta. Os que sabem ler, abram suas Bíblias e acompanhem". O desenho ajuda os que não sabem ler; dessa forma, todos estão engajados no texto de alguma forma.[5]

As crianças adoram ver, tocar, mover, mexer, desenhar, cortar, colar, pintar e colorir. Aqui estão algumas outras maneiras pelas quais o sr. Jonas poderia tornar a aprendizagem mais divertida e envolvente:

- Faça com que as crianças representem os gritos desafiadores de Golias ("Eu desafio as tropas de Israel neste dia!") e Davi atirando uma pedra na cabeça de Golias.
- Leve adereços para as crianças usarem e mexerem, como a armadura de Saul ou a funda de Davi, e uma pedra para tocarem e sentirem.
- Inclua um lanche que represente diferentes partes de uma história — como uma bala de ursinho, que é Davi (o cara pequeno que é durão!), e uma banana, que é Golias (maior e mais forte).

Deus é o ponto da história, não esses diferentes métodos criativos, mas a criatividade torna o aprendizado mais agradável. Se o professor torna a aula divertida, as crianças são menos propensas a se comportarem mal e mais propensas a permanecerem envolvidas. Isso cria uma melhor experiência geral em sala para todos.

---

5 Essa ideia vem de correspondência pessoal com Alina Banu (4/1/2021).

ESTRATÉGIAS PRÁTICAS PARA ADMINISTRAR EFICAZMENTE O COMPORTAMENTO EM SALA

Se você testemunhar um professor muito bom em seu ofício, você notará que ele é excelente em sua profissão, não apenas por causa do que diz, mas também pelo modo como gerencia o comportamento de seus alunos. Que estratégias devemos empregar para diminuir o mau comportamento e manter as coisas em andamento?

Designe ajudantes

Certifique-se de que os ajudantes designados para uma sala incentivem ativamente as crianças enquanto o sr. Jonas ensina. Digamos que uma criança, Tiago, gira em sua cadeira. O que um ajudante pode fazer para reorientar a criança, para que o sr. Jonas não tenha que parar de ensinar? Sílvia, a ajudante, pode se aproximar e sussurrar instruções como: "Olhe para o sr. Jonas" e "Fique em sua cadeira". Com um sorriso no rosto, ela pode tocar suavemente no ombro de Tiago e gesticular para ele olhar para o sr. Jonas.

Lembre os ajudantes de se moverem conforme necessário. Sílvia pode andar pela sala enquanto o sr. Jonas ensina. Pais e adolescentes voluntários muitas vezes ficam no fundo da sala, onde as crianças não podem vê-los. Ou, se o sr. Jonas ensina crianças mais novas e as crianças estão todas sentadas ao redor dele, como na hora da história, faça a ajudante Sílvia sentar-se entre as crianças também.

Dê dicas aos seus ajudantes para auxiliar as crianças distraídas. Imagine o pequeno Samuel chutando a cadeira da criança na frente dele. O sr. Jonas chama Marta (uma das mães ajudantes): "Você poderia ajudar Samuel com a cadeira?". Marta pode se dirigir a Samuel em particular, para que o sr. Jonas possa continuar com a lição.

Posicione-se de forma a conseguir ver toda a classe

As crianças se safam quando o professor não está prestando atenção ou não olha para a classe. O sr. Jonas esconde o rosto em sua Bíblia enquanto lê e muitas vezes olha para suas anotações de ensino por um longo tempo. Toda vez que ele olha para baixo, ele dá a uma criança a oportunidade de se comportar mal.

Qual é a alternativa? O professor pode se posicionar de modo a fazer contato visual com todos na sala. O especialista em ensino Doug Lemov chama isso de "radar" do professor. O professor tem o hábito de fazer uma pausa e olhar a classe, percorrendo toda a sala com o olhar para ver o que cada aluno está fazendo.[6]

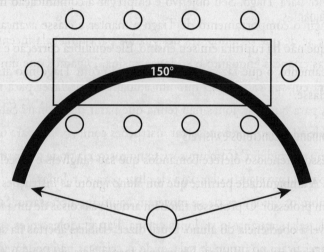

Você já ouviu o ditado: "Um professor tem olhos nas costas!". Se você conhece sua anatomia, sabe que isso não é possível (exceto em *Star Wars*). Em vez disso, o que está acontecendo é que o professor emprega seu radar. Ele se envolve com todos na sala e verifica consistentemente a classe.[7]

Utilize ativamente sinais não verbais para evitar o mau comportamento

Um bom professor usa o gerenciamento não invasivo para evitar o mau comportamento — contato visual, um leve aceno da cabeça ou um movimento da mão.[8] Tiago, de sete anos, se vira e dá um soco no ombro do colega Carlos. O

---

6 Doug Lemov, *Teach Like a Champion 2.0: 62 Techniques that Put Students on the Path to College* (San Francisco: Josse-Basse, 2015), p. 388.
7 Lemov, *Teach Like a Champion*, p. 388.
8 Lemov, *Teach Like a Champion*, p. 390, 402-403.

soco dói, e é dado para provocar uma reação. Naquele momento, o sr. Jonas tem a opção de deixar a infração de Tiago passar ou fazer algo a respeito. Todos nós já estivemos em uma aula em que o drama do mau comportamento de uma criança distrai do ensino. O sr. Jonas poderia chamar Tiago pelo nome, mas isso chamaria a atenção de toda a classe e quebraria seu fluxo de ensino.

Como este é um comportamento típico de Tiago, o sr. Jonas aponta para ele com a mão direita, estreita os olhos e cerra as sobrancelhas enquanto olha diretamente para Tiago. Seu objetivo é empregar a comunicação não verbal para corrigir o comportamento de Tiago e manter a classe avançando. Isso significa que não há ruptura em seu ensino. Ele equilibra correção e instrução simultaneamente, o que faz com que a interação com Tiago não atrapalhe o resto da classe.

Articule comandos concretos e visíveis[9]

Um professor atencioso oferece comandos que são tangíveis e específicos, não algo vago. A ambiguidade permite que um aluno ignore as instruções ou correções de um professor. O professor também articula as coisas de uma forma que torna visível a obediência do aluno. É útil dizer: "Bíblias abertas na sua frente", em vez de "peguem suas Bíblias". Da mesma forma, diga algo como: "Quero ver seus gizes de cera se movendo", em vez de: "Você deveria desenhar".[10]

Quando o professor oferece instruções em vários passos, ele introduz com algo como: "Quando eu disser 'já', quero que vocês façam X, Y e Z. Já!". Caso contrário, os alunos começarão a fazer X e esquecerão Y e Z, e tudo ficará confuso.[11]

Corrija com os meios mais sutis, menos perceptíveis e menos invasivos possíveis[12]

Um bom professor minimiza o drama em sala de aula. Tanto quanto possível, a correção deve ser invisível, e o ensino e as atividades em sala seguem

---

9 Lemov, *Teach Like a Champion*, p. 394.
10 Esses exemplos foram adaptados dos exemplos em Lemov, *Teach Like a Champion*, p. 394.
11 Essa dica de ensino vem de correspondência pessoal com Janaína Miller (4/1/2021).
12 Lemov, *Teach Like a Champion*, p. 395-396.

176 | MINISTÉRIO INFANTIL

ininterruptas. Quanto mais o professor mantém as coisas em movimento na aula, melhor. Considere os seguintes meios de correção, do menos ao mais invasivo.

Intervenção não verbal. Oferecemos este exemplo há pouco, quando o sr. Jonas se aproximou de Tiago e usou um gesto de mão e um olhar severo para colocá-lo de volta nos trilhos, sem qualquer pausa em seu ensino.[13] Às vezes, você pode impedir uma criança de fazer o que não deveria simplesmente se aproximando e ficando ao lado dela. A correção vem da presença desse professor ao lado da criança.[14]

Um redirecionamento de classe curto e positivo. Por "curto" queremos dizer que há uma economia da linguagem — uma declaração breve, concisa e direta ao ponto. E as instruções não são destinadas a um aluno, mas a toda a classe. Digamos que Tiago e Carlos estão brincando. Em vez de destacá-los, o sr. Jonas pode dizer: "Todos devem estar colorindo", ou "olhem para mim, por favor", ou "Por favor, sentem-se direito". Isso é muito melhor do que implicar com um aluno hiperativo, chamando a atenção de toda a turma e distraindo-a da lição.[15]

Correção de grupo anônima. Isso novamente é correção sem chamar um nome específico. Em vez disso, é anônimo. O sr. Jonas comenta: "Acompanhem-me, por favor" (um redirecionamento de classe positivo). "Preciso de todos olhando para mim" (correção de grupo anônima). E se o aluno se voltar para o professor, um sinal não verbal, como um aceno de cabeça ou um sorriso, pode ajudar a reforçar o passo positivo do aluno.[16] Suponha que várias crianças estejam se comportando mal ao mesmo tempo. Nesse caso, você pode parar a aula e lembrar os alunos das regras da classe dizendo algo como: "Vamos parar por um segundo para que todos possam se concentrar novamente e lembrar de não falar quando outra pessoa estiver falando".[17]

---

13 Lemov, *Teach Like a Champion*, p. 397.
14 Essa dica de ensino vem de correspondência pessoal com Alina Banu (4/1/2021).
15 Lemov, *Teach Like a Champion*, p. 398.
16 Lemov, *Teach Like a Champion*, p. 399.
17 Essa dica de ensino vem de correspondência pessoal com Alina Banu (4/1/2021).

Correção individual privada. Infelizmente, se uma correção individual for necessária, o professor terá que interromper seu ensino se outro ajudante adulto não estiver disponível. (Lembre-se, o objetivo é manter as coisas em andamento.) Digamos que a rixa entre os alunos Tiago e Carlos continua — Carlos busca vingança pelo soco de Tiago jogando borrachas em Tiago. O sr. Jonas faz com que a turma trabalhe de forma independente ou em pequenos grupos. Ele então se aproxima de Carlos para resolver o problema. O sr. Jonas (que tem quase dois metros de altura) se agacha e usa um tom suave para corrigir Carlos. "Vamos parar de jogar borrachas e me deixe ver sua caneta trabalhando". Uma instrução curta, concreta e visível muitas vezes resolverá a questão. Ao se abaixar, o sr. Jonas chega ao nível de Carlos em vez de pairar sobre ele. E o tom suave ou sussurro torna a conversa mais privada.[18]

Correção pública relâmpago. Se um professor precisa corrigir um aluno mais publicamente, ele o faz rapidamente e direciona o aluno desordeiro no comportamento positivo que ele deveria estar fazendo. E para o bem do resto dos alunos, cuja atenção é chamada para essa correção pública, o professor também dirige a atenção de todos para o comportamento que ele quer exemplificado pela classe. "Jonathan, eu preciso de você desenhando agora... Assim como eu vejo o resto da classe fazendo!"[19]

O professor não pode simplesmente ignorar o mau comportamento elogiando o que é bom na sala de aula. Ele precisa lidar com o mau comportamento e aparar a má conduta o mais cedo possível. É provável que o mau comportamento persista, então o professor lida com isso quando tal comportamento começa, não deixando as coisas evoluírem.[20]

O professor sempre demonstra uma disposição graciosa, mesmo durante a correção. Ele deve ser firme e calmo, não agitado e não frustrado.[21]

---

18 Lemov, *Teach Like a Champion*, p. 400-402.
19 Lemov, *Teach Like a Champion*, p. 401-402.
20 Lemov, *Teach Like a Champion*, p. 402-403.
21 Lemov, *Teach Like a Champion*, p. 403.

178 | MINISTÉRIO INFANTIL

Adicione a esta disposição graciosa um sorriso e um "por favor" e "obrigado". Um sorriso comunica: "Estou feliz por estar aqui e tenho um plano". Um semblante fechado comunica: "Eu não queria essa tarefa" e "Estou esperando que todos vocês se comportem mal".[22]

Incluir "por favor" e "obrigado" mostra respeito e adiciona civilidade às instruções do professor. O sr. Jonas oferece instruções como: "Mãos cruzadas na sua frente, Maya". E então acrescenta baixo: "Obrigado". O "obrigado" reforça o comportamento positivo e restabelece o que é esperado.[23]

Recupere o controle da classe e ajude-os a se reorientar

Todo professor (mesmo os bons!) já experimentou uma turma bagunceira e sentiu que estava perdendo o controle sobre seus alunos. Nesse momento, o instinto de um professor pode ser pressionar, falar mais alto que as crianças e forçar as coisas a seguir em frente — mas isso não funcionará!

Uma opção melhor é desacelerar as coisas e recuperar o controle da classe, *esperando os alunos*. Tiago, Carlos e Maya ficam agitados. O sr. Jonas interrompe seu ensino ou a atividade de colorir e diz: "Vou esperar até que vocês estejam prontos". Ele reafirma as regras da classe e espera pela obediência. O sr. Jonas continua repetindo isso até ficar quieto. É uma batalha de vontades. Ele espera as crianças obedecerem, o que requer paciência e determinação para recuperar o controle. Depois que a classe fica em silêncio, o sr. Jonas diz: "Obrigado por me darem sua atenção. Estou realmente animado com a nossa aula de hoje, e estou feliz que vocês estejam prontos para ouvir". Tenha em mente que ele faz tudo isso com boa disposição. Não há necessidade de ser severo.[24]

Outra maneira de recuperar o controle é usar um *chamador de atenção*, que rapidamente ganha o foco dos alunos sem custar muita energia ao sr. Jonas. O sr. Jonas ensina uma chamada e uma resposta, como: "1, 2, 3...

---

22 Lemov, *Teach Like a Champion*, p. 405.
23 Lemov, *Teach Like a Champion*, p. 404.
24 Essa dica de ensino vem de correspondência pessoal com Janaína Miller (4/1/2021).

todos olhando para mim!". E os alunos foram ensinados a responder: "1, 2, 3... olhando para você!".[25] Ou ele pode dizer algo como: "Se você pode ouvir minha voz, bata palmas uma vez" (algumas crianças vão bater palmas, o que chama a atenção de outras crianças). O sr. Jonas continua: "Se você estiver ouvindo, bata palmas duas vezes" (mais algumas crianças baterão palmas). Normalmente, quando o sr. Jonas chama três palmas (ou assovios, ou batida dos pés ou outro som), ele tem a atenção de toda a classe.[26]

ENSINANDO PARA A VIDA

As estratégias de sala de aula ensinadas aqui não surgirão naturalmente em seus professores voluntários. Você precisará incentivar, treinar e reforçar essas habilidades. Porém, se você os ajudar e reforçar consistentemente essas coisas, colherá benefícios no devido tempo. Embora o ensino seja um dom para algumas pessoas, praticamente qualquer voluntário pode prender a atenção das crianças se adicionar um pouco de criatividade e implantar as estratégias que apresentamos neste capítulo.

Defina como meta preparar e fortalecer seus professores e ajudantes de classe. Dê retorno quando puder. Visite as salas de aula e veja seus professores apresentarem suas aulas. Isso proporcionará uma oportunidade de oferecer sugestões para melhorar sua apresentação e gerenciamento de sala de aula. Quando você tiver um professor experiente que efetivamente envolva as crianças, designe seus professores menos experientes como ajudantes em sua sala de aula para assistir e aprender.

Queremos remover obstáculos ao ensino da Bíblia e à apresentação das verdades do evangelho. Aprender essas estratégias eficazes de sala de aula é apenas um começo. Lembre-se, nosso objetivo final não é a ordem ou o bom comportamento, mas facilitar uma oportunidade para as crianças ouvirem e conhecerem a Deus.

---

25 Esse exemplo vem de correspondência pessoal com Sarah Chen (4/1/2021).
26 Essa dica de ensino vem de correspondência pessoal com Janaína Miller (4/1/2021).

180 | MINISTÉRIO INFANTIL

Agora vamos voltar para Greg, da ilustração inicial deste capítulo. Desta vez, Gabriel espera na porta da sala de aula para pegar suas filhas Ema e Georgia para uma saída antecipada. Ele vê o sr. Jonas de pé em uma cadeira, gritando o desafio de Golias em 1 Samuel 17.10 com uma voz grave. As crianças estão envolvidas e rindo. Suas filhas nem notam que Gabriel está lá.

Em vez de tirar logo as meninas para levá-las ao casamento do tio, ele espera para permitir que o sr. Jonas termine este segmento de ensino. Gabriel percebe os ajudantes da sala de aula se movendo para manter as crianças distraídas envolvidas, as crianças levantando as mãos em vez de gritar, e o sr. Jonas comunicando o evangelho de forma eficaz. Gabriel fica do lado de fora da sala de aula e pensa: "Que grande experiência para minhas meninas!".

Administrar a sala de aula | 181

BÔNUS:
AJUDA PARA
PROFESSORES

TESTE RÁPIDO: O QUE SEUS PROFESSORES FARIAM NESTAS SITUAÇÕES PROBLEMÁTICAS?

Use a seguinte lista de problemas comuns para conversar com seus professores sobre o que eles fariam em cada cenário e sobre quais regras eles poderiam estabelecer. Essas situações hipotéticas podem ajudar seus voluntários a melhor antecipar os desafios que provavelmente aparecerão em seu caminho.

- **Ansiedade na separação.** Uma doce menina de dois anos, Aline, está do lado de fora da sala. Ela está nervosa e não quer entrar.
- **Dano físico.** Davi bate ou morde outra criança.
- **Conflito.** Paulo e Silas, de quatro anos, estão puxando o mesmo brinquedo e discutindo um com o outro. Paulo grita: "Eu quero este carro!". Silas tenta arrancá-lo de suas mãos firmes, gritando: "Não, eu quero!".
- **Desordem.** Os alunos não estão ouvindo ou levantando as mãos, e as crianças estão falando fora de hora em discussões em grupo.
- **Todo mundo "precisa" ir ao banheiro.** Paulo pede para ir ao banheiro. Quase imediatamente, duas outras crianças dizem que "precisam" ir também. É realmente sábio enviar três garotos ao mesmo tempo?

182 | MINISTÉRIO INFANTIL

+ **Criança inconsolável.** A pequena Suzy está chorando por sua mãe, não importa como você tente confortá-la. Pior ainda, outras duas crianças também começam a chorar por causa da Suzy.

DICAS ADICIONAIS SOBRE COMO SE TORNAR UM PROFESSOR MELHOR

+ **Ore.** Orar pode parecer um passo superficial para alguns, mas queremos fazer mais do que encher a mente das crianças com uma boa lição. Queremos transformar suas vidas. Essa é a parte que só Deus pode fazer. Estamos em parceria com Deus cada vez que entramos na sala de aula. É melhor pedir a ajuda dele toda vez que ensinamos.

+ **Prepare.** Haverá alguns dias em que pegaremos nossa lição, correremos para a aula e a leremos na hora. Mas essa deve ser a rara exceção. Esteja familiarizado o suficiente com sua lição para que você nunca fique preso às páginas e possa olhar para cima e manter contato visual com as crianças. Se você não leu a lição, não preparou a tarefa nem pensou nas atividades, não dará certo. Pense antecipadamente e prepare a logística. Leia os materiais e faça perguntas aos outros professores. Preparem a sala de aula. Corte, dobre, cole ou faça quaisquer atividades de antemão. Certifique-se de estar pronto antes que as crianças cheguem.

+ **Conheça seus alunos.** Quanto mais novas as crianças, menor o tempo de atenção. Portanto, seja breve, simples e envolvente para as crianças mais novas. Esteja ciente de relacionamentos incompatíveis. Se Ben e Joca não se dão bem sentados juntos, separe-os no início da aula. Se você tem uma criança com necessidades especiais, peça aos pais dicas para cuidar melhor dela.

+ **Envolva os alunos.** Ajuda, se você for ativo, usar movimentos com as mãos, variar seu tom de voz e se mover (em vez de ser quieto, rígido, reservado e monótono).

- **Mantenha-se concentrado no evangelho.** À medida que você desce para o ensino prático e tático (administrar uma turma de crianças, ensinar conteúdo e assim por diante), não perca de vista nosso objetivo final: ensinar crianças a conhecer Deus como o Criador, a entender seu pecado, a ver sua necessidade de um Salvador e a amar a Cristo. Mantenha sempre o evangelho à vista.

- **Fale aos corações.** Gastamos tempo em gestão de comportamento neste último capítulo. Conformidade externa — a obediência da criança — não é a mesma coisa que transformação do coração. Uma criança é muito mais do que seu comportamento externo. A Bíblia diz que nosso coração é o centro da nossa vida. Portanto, ao apresentar sua lição, fale aos seus corações em vez de listar um conjunto de regras a serem seguidas. Jesus disse que falamos daquilo que o coração está cheio (Mt 12.34-35; Lc 6.43-45). Pensamos, sentimos, falamos, escolhemos e fazemos a partir do que vem do coração. Ao ensinar e orientar crianças, mantenha o coração como seu alvo.

- **Seja um leitor atencioso.** Ao ler uma história bíblica, não se apresse com o texto. Leia-o em um ritmo lento, mas deliberado, e enfatize palavras importantes. Mude sua voz para ajudar as crianças a saber quando vários personagens de uma história estão falando. Mesmo uma leve mudança de inflexão fará uma história ganhar vida.

- **Assuma a liderança.** Seja claro, concreto e direto com as instruções. Como um guia turístico em uma viagem, ofereça orientação durante toda a aula. Se eles estão colorindo e precisam mudar para a leitura da Bíblia, dê-lhes um aviso de dois minutos. Dois minutos depois, peça às crianças que guardem os lápis de cor nas caixas, no meio da mesa. Oriente-os a "fechar a boca" e se sentar em suas mãos ou cruzá-las. Isso é especialmente necessário com crianças mais novas.[27]

---

27 Esse exemplo vem de correspondência pessoal com Alina Banu (4/1/2021).

- **Planeje para contingências.** É uma boa ideia vir para a aula com material extra, caso o culto demore ou um ajudante se esqueça de trazer a atividade, ou você termine a lição e as atividades cedo. O que você fará se precisar gastar o tempo no final da aula? Tenha uma lista de possíveis extras prontos. Prepare algo como uma atividade genérica ou um jogo que você possa usar para qualquer lição.

CAPÍTULO 12

BUSCAR EXCELÊNCIA CRIATIVA

"O que você está fazendo aqui?" Eu (Marty) perguntei a Marta enquanto ela passava por nosso ponto de entrada. "Eu pensei que você tinha uma cirurgia essa semana", acrescentei.

"Eu fiz mesmo uma cirurgia", respondeu ela. "Tudo correu bem. Sinto-me ótima! Estou apenas um pouco cansada. Eu sei que disse que ficaria em casa hoje, mas Jairo não me deixou. Ele queria vir para o Reino da Promessa", disse ela, apontando para o nome do nosso ministério no letreiro acima. Olhei para as letras esculpidas em uma imitação de rocha que forma a entrada do nosso ministério infantil de dois andares.

"Além disso, é a semana do teatro", explicou Marta. "Jairo adora os atores. Ele insistiu que viéssemos. Ele não perderia isso por nada no mundo."

Uma onda de gratidão a Deus inundou meu coração por tudo o que ele nos permitiu realizar e porque nossos esforços estavam dando frutos em crianças ávidas como Jairo. Dei as boas-vindas à Marta, grato por sua cirurgia ambulatorial ter corrido bem. Refleti por um momento sobre os muitos anos que nossa equipe levou para montar nosso programa. Depois de passar anos focando em nosso currículo, começamos a pensar em maneiras de tornar nosso espaço divertido e convidativo. A cada primavera, nossos líderes se reuniam para procurar um ou dois elementos que pudéssemos melhorar. Ano após ano, pretendíamos dar mais um passo adiante. As pessoas que visitam

186 | MINISTÉRIO INFANTIL

nosso ministério hoje não percebem que o que estão experimentando é o produto de vinte anos de progresso e melhorias lentas, mas constantes.

As coisas nem sempre foram tão arrumadas para nós. Em nossos primeiros dias de plantação da igreja, nosso ministério não tinha um nome, nem tínhamos uma equipe de teatro. Gastávamos toda a nossa energia carregando e descarregando caixas plásticas de suprimentos em cada sala de aula todos os domingos. Naquela época, nossa igreja se reunia em uma antiga escola secundária reaproveitada como um centro comunitário e pegávamos emprestado espaço de um programa de cuidado para adultos. Nossas salas de aula não eram decoradas ou equipadas para crianças. Como resultado, todas as semanas empurrávamos os móveis de adulto, estendíamos tapetes, montávamos pequenas mesas improvisadas e entregávamos caixas de suprimentos. Encharcávamos os banheiros do centro comunitário com desinfetante para disfarçar o cheiro e limpávamos as baratas meio mortas que sucumbiam aos tratamentos do exterminador.

Naqueles primeiros dias, fizemos o nosso melhor para alcançar três objetivos principais (em ordem de prioridade): Primeiro, oferecer um espaço seguro e bem administrado para as crianças. Segundo, apresentar o evangelho por meio da lição bíblica semanal todos os domingos. Terceiro, adicionar algo criativo que faria da igreja um lugar divertido para as crianças. Os extras, como adicionar uma equipe de teatro ou de louvor, teriam que esperar. Simplesmente não tínhamos tempo ou tamanho para isso.

Embora tenhamos cometido muitos erros ao longo do caminho, acertamos em nossas prioridades. Nós nos concentramos nesses mesmos três objetivos principais no primeiro ano em nosso novo edifício antes de adicionar os extras que agora desfrutamos. Embora as famílias que visitam pela primeira vez possam ficar inicialmente impressionadas com nossa entrada personalizada, grandes murais e o grupo de teatro, esperamos que o mais importante seja o conteúdo centrado no evangelho de nossas lições e a excelência de nossa administração.

Há uma razão pela qual colocamos este capítulo em último lugar no livro. Embora não haja como negar o efeito que um ambiente criativo e divertido pode ter nas crianças, é muito mais crítico garantir que seu espaço seja seguro e que a mensagem que as crianças recebem seja rica no evangelho. Você pode pular os murais e o teatro, mas não pode se dar ao luxo de errar no conteúdo do evangelho nem de deixar a desejar na segurança.

MANTENHA AS PRIMEIRAS COISAS EM PRIMEIRO LUGAR

Os componentes mais importantes do que você faz semanalmente são manter suas crianças seguras e apresentar uma mensagem bíblica e rica do evangelho. Isso não significa que você não pode adicionar uma nova camada de tinta, renovar paredes velhas ou convocar um artista disposto para pintar um mural na entrada do ministério infantil. Mas antes de concentrar sua energia na decoração chamativa, certifique-se de que as prioridades de *segurança* e *substância* estejam cobertas.

Eu (Marty), uma vez, visitei uma igreja em que parecia que as crianças estavam entrando em um grande parque de diversões. Eles usavam atores profissionais em suas performances teatrais, e seu auditório principal parecia um palco de programa de auditório. Ficou claro que eles deram muita atenção ao seu programa e apresentação. Infelizmente, seu currículo se concentrava em bons valores morais desconectados do evangelho. Ensinavam as crianças a serem corajosas, gentis, honestas e confiáveis. Embora esses sejam valores importantes, ensinados à parte das verdades do evangelho, como pecado, arrependimento, fé e santidade, eles formam um evangelho alternativo. O objetivo é apresentar a verdade bíblica de uma forma divertida e envolvente, sem comprometer o conteúdo.

Uma vez que você tenha um currículo sólido baseado no evangelho e suas diretrizes de proteção infantil estejam firmemente estabelecidas, não há como negar o impacto adicional que um ambiente e programa divertido e criativo pode ter sobre as crianças. Diversão e criatividade fazem com que as crianças queiram voltar sempre para mais: mais emoção, mais diversão e, sim, mais verdade do evangelho.

ESCOLHA UM NOME (E IDENTIDADE)

Ainda no centro comunitário, movimentar essas caixas consumia nosso tempo. Concentrávamos nossa energia em preparar as salas de aula para os professores antes que as crianças chegassem. Isso significava chegar ao prédio às 7h30 para o nosso culto das 10h. A equipe de som chegava mais cedo. Eles precisavam tirar seus carrinhos de equipamentos de som do nosso depósito antes que pudéssemos acessar as caixas do ministério infantil empilhadas contra a parede dos fundos.

O nome genérico "ministério infantil" descrevia apropriadamente aquela confusão de salas espalhadas pela estrutura antiga de escola. Pela graça de Deus, nunca perdemos uma criança e sobrevivemos aos longos verões sem ar-condicionado. Com a nossa mudança para a nova instalação, no entanto, era hora de escolher um nome mais específico para o nosso ministério. A maioria dos ministérios da igreja, como os ministérios de apoio, recepção ou estacionamento, se dão bem sem um nome especial. Outros programas como o ministério infantil e da juventude se beneficiam de uma identidade. Um nome comunica identidade, ordem, emoção e pode até ajudá-lo a transmitir valores essenciais.

Algumas igrejas dão nome ao seu ministério infantil de acordo com o nome da igreja. Uma igreja chamada Igreja da Graça pode chamar seu ministério infantil de "Crianças da Graça". Nomear o ministério conforme sua igreja comunica uma unidade de visão e missão. Outras igrejas adotam um nome orientado para a missão que se alinha com o propósito do ministério. Escolhemos chamar nosso ministério de "Reino da Promessa". A palavra *promessa* é uma referência à promessa do evangelho, dada por Deus primeiro a Adão e Eva, mais tarde entregue a Abraão e sua descendência, e afirmada pelos profetas que anunciaram a vinda de Cristo.

A palavra *reino* em nosso nome tem um duplo significado. Um reino é um lugar ou espaço. Portanto, "Reino da Promessa" é onde as promessas de Deus são celebradas e apresentadas pelos professores que as passam para a próxima geração. Mas a palavra "reino" também se refere à esfera do governo e reinado de Deus. Desejamos que o evangelho que compartilhamos com as crianças a cada domingo seja usado por Deus para expandir seu reino em seus corações.

E, por diversão, a palavra "reino" levou a um tema de safári. Compramos camisas cáqui de botões com nosso nome bordado no bolso direito para nossos coordenadores. Os uniformes nos ajudaram a mostrar nosso novo nome e serviram para identificar a direção e os coordenadores do ministério infantil para os nossos convidados.

DECORE SEU ESPAÇO

Embora o arquiteto que projetou o espaço de nosso ministério infantil tenha adicionado pisos coloridos, a tinta neutra nas paredes das salas de aula parecia insossa e pouco convidativa. Depois de nos concentrarmos por alguns anos em definir nosso currículo, começamos a falar sobre criar um espaço divertido e convidativo cuja estética correspondesse à profundidade da teologia de nosso currículo.

Mesmo que a entrada do ministério infantil fosse visível no canto direito, a pequena mesa de entrada se perdia no espaço cavernoso do saguão de dois andares. Toda nova família tinha que perguntar para onde levar seus filhos. Em nossa sessão anual de *brainstorming*, discutimos a adição de uma placa ou faixa sobre nossa entrada. Alguém sugeriu que adicionássemos acima da entrada uma fachada tridimensional à parede do saguão de pé direito alto.

Eu (Marty) desenterrei minhas habilidades de desenhista e esbocei uma parede de penhasco de três metros de altura, acima da qual ficavam duas árvores majestosas. Entre as duas árvores, desenhei um leão e um cordeiro — as duas imagens de Cristo no Apocalipse — e ao longo da face da rocha acima da porta, esbocei nosso nome, *Reino da Promessa*.

Ainda tenho em minha gaveta aquele esboço que apresentei aos presbíteros, pedindo permissão para criar uma entrada divertida para o nosso espaço. Uma coisa levou a outra, e um ano depois, nossa sessão de *brainstorming* se tornou uma realidade, e nosso ministério parecia a entrada de um parque temático. Embora tenhamos gastado muito dinheiro para que uma

190 | MINISTÉRIO INFANTIL

equipe de design fabricasse e instalasse a fachada de espuma revestida de fibra de vidro, ela nos serve há quinze anos e não temos planos de mudá-la.

Se você não pode pagar profissionais, use os talentos dos membros de sua igreja. Embora tenhamos estourado nosso orçamento em nossa entrada, isso não nos impediu de usar voluntários para adicionar outros elementos ao espaço. Um estudante de arte se ofereceu para se voluntariar para um verão, pintando murais em todo o nosso ministério. Ele reuniu meia dúzia de amigos artistas e pintou mais de três metros de murais naquele verão. Nossa única despesa foi a tinta e algumas pizzas para almoço.

Já visitei outras igrejas cujo espaço é inteiramente decorado pelos voluntários criativos da comunidade. Passei por selvas e estações de trem, todas construídas e pintadas com talentos e tempo doados.

ADICIONE OS EXTRAS

Além da entrada e dos murais, adicionamos extras ao nosso espaço. Ano após ano, pensamos e adicionamos novos elementos, como um palco portátil para nossa equipe de teatro dos alunos maiores, um grande palco de marionetes para o nível pré-escolar, uma equipe de louvor e um programa criativo de memorização bíblica. Outras igrejas que conheço adicionaram salas sensoriais para crianças com necessidades especiais, estações de café para professores e ajudantes, espaços para mães que amamentam e muito mais.

Ao adicionar um novo elemento a cada ano ou dois, crescemos a um ritmo administrável. E exceto pela nossa entrada temática, usamos voluntários para fazer o trabalho. Uma mãe solteira se ofereceu para começar nosso time de teatro. Um engenheiro aposentado se ofereceu para construir nosso palco com um grupo de pais. Eles passaram centenas de horas soldando nosso palco. Quando não está em uso, a estrutura toda se dobra e pode ser guardada em um canto da nossa grande sala de reuniões.

O mesmo grupo de pais construiu um grande teatro de fantoches para a nossa classe pré-escolar. Esculpida em espuma e revestida com fibra de vidro, combina com o design de rocha de nossa entrada. Pessoas talentosas que estão felizes em empregar seus talentos para o reino estão prontas para ser convocadas em cada congregação. Muitas vezes, descobrir quem eles são e pedir ajuda são os únicos passos necessários para empregar suas habilidades. Descobrimos que um dos nossos membros era um antigo desenhista de fantoches. Ele ensinou e demonstrou como operar marionetes aos nossos professores. Outro pai se ofereceu para criar um banco de dados personalizado para o nosso ministério, que usamos por anos antes de passar para o nosso sistema de entrada atual. Um de nossos coordenadores trabalhava com design gráfico e ficou feliz em criar as ilustrações das quais precisamos para o nosso ministério.

Quando temos uma ideia, procuramos um voluntário responsável por levar essa ideia até sua conclusão. Nossos voluntários se ofereceram para liderar nosso programa de memorização bíblica, pequenos grupos para as crianças maiores e nosso programa de música e louvor.

Nem todos os programas que mencionei ainda estão em atividade hoje. Nosso programa de memorização bíblica perdeu sua força quando perdemos nosso responsável. Ainda fazemos a memorização, mas não é a mesma coisa. Mas nossa equipe de teatro, "The Backstage Players", composta por atores adolescentes, continua. Já entregamos três gerações de atores adolescentes. Nossos alunos de nível fundamental sonham em servir na equipe de teatro um dia. Quando eles se formam em nosso programa após a sexta série, nós os recrutamos para papéis menores.

EXCELÊNCIA NA ADMINISTRAÇÃO

O que quer que você adicione ao seu ministério, certifique-se de administrar bem as coisas. É muito mais importante fazer menos com excelência do que fazer tanto que seu programa sofra. Pessoas que vão a um restaurante cinco estrelas mas experimentam um serviço de duas estrelas não retornam. Os visitantes de primeira vez geralmente decidem se retornarão apenas pela primeira experiência de sua família com o ministério infantil. Fazer menos com excelência causará uma impressão duradoura. Melhor oferecer um programa de três estrelas com qualidade cinco estrelas do que o contrário.

192 | MINISTÉRIO INFANTIL

Adicione elementos criativos lentamente e procure voluntários responsáveis para ajudá-lo a liderar novas iniciativas; não tente fazer tudo sozinho. Procure tornar o ministério infantil excelente em todos os sentidos antes de procurar aumentá-lo. E não tenha medo de suspender um programa quando você perde um voluntário chave. O crescimento lento e constante não sobrecarregará sua equipe. Reúna seus líderes, debata novas ideias, ore por um responsável para ajudá-lo e pense em quem pode ser. Depois de pensar em nomes, não tenha medo de abordar esses indivíduos com sua visão e um convite para participar. Se Deus estiver nisso, eles ficarão animados e assumirão com alegria.

Melhorar seu ministério um pouco de cada vez trará excelência ao seu programa de uma forma administrável, dividindo a carga de trabalho. Seus professores e ajudantes servirão com alegria, e os visitantes de primeira vez e seus filhos sairão impressionados com tudo o que você realizou e agradecidos a Deus por seu serviço à sua família.

A CRIATIVIDADE PODE FAZER A DIFERENÇA

"Eu conheço você". José sorriu para mim (Deepak). Ele tinha cerca de um metro e vinte de altura, com cabelos castanhos bem cortados e um belo sorriso no rosto. "Você foi o pai que abraçou o filho."

Eu estava no meu lugar, com a Bíblia na mão, na porta dos fundos do nosso templo. Eu estava saudando os membros da igreja e as crianças enquanto saíam pela porta após o nosso culto de domingo. Eu costumava dizer "olá" para o pai ou a mãe de José enquanto eles passavam por mim a caminho da mesa de café. Crianças não costumam falar muito comigo porque é intimidante falar com o pastor.

Tínhamos acabado de terminar uma semana atarefada da Escola Bíblica de Férias (EBF). Quando surgiu a chance de participar do teatro da EBF, aproveitei a oportunidade. Foi uma maneira prática e divertida de meus filhos adolescentes e eu servirmos juntos. Com muito entusiasmo, preparamos as histórias mais precisas biblicamente (mas também cheias de ação e divertidas) que podíamos fazer. Vestimo-nos com figurinos completos, imitamos sotaques e apresentamos uma versão emocionante das histórias para essas crianças. E nos esforçamos para tornar o evangelho extremamente claro, em qualquer história que contássemos.

José quebrou o gelo naquele domingo de manhã, e fiquei encantado. Conversamos sobre o retorno do filho pródigo ao pai (Lc 15), e sobre o amor e a misericórdia do pai pelo seu filho perdido. Foi uma breve conversa, mas foi uma oportunidade de apresentar o evangelho a um menino que nunca havia falado comigo antes. Não tenho dúvidas de que a criatividade que adicionamos aos nossos esquetes tornou as verdades do evangelho mais memoráveis para as crianças na EBF. Claramente surtiu efeito em José.

Na glória, nossa apresentação teatral sobre o filho pródigo será um marco de salvação para o José? Provavelmente não. Mas é uma semente, plantada no coração de um menino doce, em seu caminho para conhecer a Cristo? Espero que sim.

Se a segurança e a substância são sua prioridade, então a criatividade pode ser um meio maravilhoso que o Senhor usa para impactar os coraçõezinhos. Deus seja glorificado!

AUTOAVALIAÇÃO: BUSCAR EXCELÊNCIA CRIATIVA

Colocando as primeiras coisas em primeiro lugar: Você já resolveu a segurança e substância no ministério infantil? Se não, o que você precisa fazer para garantir essas coisas? Que novos elementos você pode adicionar no próximo ano para melhorar sua criatividade no ministério infantil?

"Pessoas que vão a um restaurante cinco estrelas mas experimentam um serviço de duas estrelas não retornam". Você está oferecendo um ministério infantil cinco estrelas com serviço de duas estrelas? Ou você está fazendo menos com excelência?

CONCLUSÃO

PARA ONDE IR AGORA?

Depois de ler 12 capítulos, você provavelmente está considerando mudanças no ministério infantil. Se você está apenas procurando fazer alguns ajustes e melhorias ou se teve uma visão para um redirecionamento completo, é essencial abordar as mudanças com sabedoria e cuidado.

À medida que encerramos nossa discussão, ofereceremos algumas sugestões para ajudá-lo a implementar esses ajustes em seu ministério.

ORE

Por favor, não pule esse passo vital. Você não conseguirá fazer o que descrevemos sozinho. Você precisa da ajuda do Senhor! Peça para ele guiar você. Recorra sempre ao nosso Pai celestial, continuamente. Peça sabedoria (Tg 1.5) e clame a ele por bondade e misericórdia para você e seu ministério.

DISCUTA

Compartilhe o que você leu com os pastores que estão acima de você. A liderança geral da sua igreja (não importa qual seja sua forma) concorda sobre qual filosofia deve conduzir o ministério infantil? Se não, você pode usar este livro como um ponto de partida para falar sobre a direção do ministério infantil. Seu objetivo seria ver toda a equipe de liderança de sua igreja aderir à filosofia, ao conteúdo e aos procedimentos de segurança que sustentam o ministério infantil.

Conduza seus coordenadores de ministério e líderes de equipe pelos capítulos que estimularam seu pensamento. Você pode oferecer uma cópia do nosso livro a pais comprometidos. Peça que o leiam e comecem uma conversa para obter apoio para ajustes ou redirecionamento. Envolva outros para repensar, criar, planejar e organizar o ministério infantil.

PRIORIZE

Classifique os itens nos quais você gostaria de trabalhar por ordem de prioridade, para que você não se esqueça de abordar áreas vitais. Em seguida, aborde um de cada vez.

FAÇA MUDANÇAS AO LONGO DO TEMPO

Um homem só consegue fazer uma corrida de velocidade por alguns metros, mas pode andar por quilômetros. Não pense que deve fazer tudo para ontem; é uma receita para estresse desnecessário. Seja paciente. Tenha uma visão de longo prazo da mudança — você pode fazer uma pequena mudança em um dia, mas ajustes mais extensos devem ser implementados lentamente ao longo de meses e até anos.

NÃO VÁ SOZINHO

Uma vez que você tenha o apoio de seus líderes, divulgue o trabalho. Delegue áreas para pessoas capazes. Se você não sabe ao certo quem pode ser, peça sugestões aos seus líderes e pastores. Peça ao Senhor para levantar voluntários e, em seguida, comece a entregar tarefas para pessoas responsáveis.

A HISTÓRIA DE OLÍVIA

Por que pensamos, planejamos, ensinamos, oramos e trabalhamos tanto no ministério infantil? Porque sabemos que o Senhor pode usar adultos como nós para apresentar belas verdades das Escrituras às nossas crianças.

Considere a história de Olívia, em suas próprias palavras.

Adorava fazer parte da turma de quatro e cinco anos da Escola Dominical quando eu era mais jovem. Lembro-me de quanta alegria os adultos demonstravam ao ensinar a Bíblia e como se davam bem uns com os outros. Tenho lembranças vívidas de casais em pé na frente da sala nos guiando em canções como "B-I-B-L-I-A" e "Jesus me ama" com linguagem de sinais, o que achava incrível. Nós nos divertimos muito cantando! Durante as aulas, eu me lembro deles constantemente nos orientando a encontrar as respostas na Bíblia e nos encorajando a ouvir a Palavra de Deus. Também me lembro de que Jesus, e tudo o que ele fez por nós, vindo à terra e morrendo por nossos pecados, era um tema constante — nas lições, nos cânticos e nas perguntas que nos faziam. Falávamos sobre pecado, e eu cheguei a uma compreensão de minha própria pecaminosidade (particularmente para com meu irmão mais novo!). Por tudo o que me ensinaram sobre Jesus, eu não tinha dúvidas de que o Salvador amoroso, forte e bom, que morreu na cruz por mim, me perdoaria e me faria dele.

Então isso me leva de volta à mesa da cozinha. Quando meus pais compartilharam o evangelho comigo, percebi que já o tinha ouvido. Mais tarde, me questionei um pouco se a minha decisão de seguir Jesus quando tinha cinco anos foi "real". Mas olhando para trás agora, está claro para mim que foi. Até hoje, eu acho que minha crença quase instintiva de que a Bíblia é completamente confiável e adequada para todas as situações em nossas vidas vem em parte da maneira que esse grupo de professores constantemente reafirmava a Palavra de Deus naquela classe. Eu também acho que a minha convicção de que Jesus é um Salvador real, forte e amoroso vem em parte do que eles nos ensinaram sobre ele.

198 | MINISTÉRIO INFANTIL

Gostaria de poder deixar meus professores de muito tempo atrás saberem a diferença que seu serviço alegre, fiel e que exaltava Jesus fez em minha vida. Mas se isso não acontecer na terra, estou ansiosa para dar-lhes um grande abraço de cinco anos de idade no céu!

É por isso que trabalhamos tanto. É por isso que organizamos e recrutamos, é por isso que ensinamos e cantamos, e por isso que planejamos e oramos. Em sua misericórdia, Deus usará nossas palavras, nossas ações e nosso exemplo. Seremos uma demonstração viva e real de que Deus é real e de que o evangelho é verdadeiro. Por causa do grande amor com que ele nos ama, o Senhor converterá alguns de nossos filhos.

Confie no mestre construtor. Nos dias difíceis, lembre-se do que Jesus disse: "Eu edificarei a minha igreja" (Mt 16.18). Não tenha dúvidas disto: Deus levará as crianças à fé salvadora. Lembre-se, você está em parceria com o Criador do universo para realizar uma tarefa que ele já está comprometido em realizar. Busque conforto nisso, e siga em frente sabendo que Deus cumprirá todas as suas promessas em Cristo.

APÊNDICE A

UMA BREVE PALAVRA AOS PLANTADORES DE IGREJAS

Você se aventurou no incrível mundo da plantação de igrejas. Seja muito bem-vindo!

Você está construindo uma equipe base. Você está descobrindo como preparar cultos públicos de adoração — organizando local, música, recepção, estacionamento e muito mais. Você espera que a escola pública local ou o centro comunitário do bairro permita que você alugue o prédio deles. Você está evangelizando o bairro, esperando ver conversões. Você está encontrando não-cristãos no treino de futebol de seus filhos.

Mas, além de tudo isso, você tem que encontrar uma maneira de organizar um ministério infantil. Afinal, se você não tem nada para as crianças — absolutamente *nada* — então você terá dificuldade em reter famílias. Você quer algo para as famílias e seus filhos, mas o quê e quanto você deve ter para começar?

Aqui estão seis orientações para iniciar um ministério infantil.

1. ENCONTRE LÍDERES COMPETENTES EM SUA EQUIPE BASE E CONFIE NELES PARA LANÇAR O MINISTÉRIO INFANTIL

Para pastores plantadores de igrejas

Não assuma isso sozinho. O plantador de igreja típico tem um bilhão de detalhes para gerenciar quando começa um novo testemunho do evangelho em uma cidade. Ele está transbordando de trabalho, tentando encontrar tempo para fazer tudo. Iniciar um ministério infantil envolverá uma infinidade de detalhes — equipamentos de berçário, segurança infantil, currículo, organização de sala de aula, recrutamento de voluntários e muito mais. *Delegação é fundamental para uma boa liderança.* Como um pastor novato, há algumas tarefas cruciais com as quais você precisa se envolver (por exemplo, estruturar o orçamento da igreja, planejar os cultos públicos, escrever sermões), mas há muitas tarefas que você pode repassar para uma ajuda competente. O ministério infantil certamente se enquadra nessa última categoria.

Embora qualquer líder talentoso com habilidades administrativas possa ajudar a formar um ministério infantil, há vantagens em selecionar um casal para esse papel. Começar e manter um ministério infantil é indiscutivelmente o segundo papel mais trabalhoso na plantação de uma igreja. É trabalho para mais de uma pessoa apenas. Enquanto você está pregando para vinte adultos, os líderes do ministério infantil estarão cuidando das crianças e da equipe, que compõem os outros 40% de sua igreja! Ter uma equipe de marido e mulher pode ajudar a gerar relacionamento tanto com homens quanto com mulheres que servem no ministério. Lembre-se, em grande parte serão casais com seus filhos que visitarão o ministério infantil. Ter outro casal recebendo esses visitantes e conversando sobre família os deixará à vontade.

Procure um casal (ou uma única pessoa se não houver um casal disponível) que seja espiritualmente maduro, capacitado administrativamente, confiável e competente. A maturidade espiritual é vital, mas se eles são administrativamente ineptos, tudo ficará prejudicado! Se você não tem um casal em sua equipe que se encaixa nessa descrição de trabalho, considere recrutar especificamente um casal capacitado nessas áreas para se juntar à sua igreja a fim de assumir essa enorme tarefa.

Quando você encontrar pessoas para assumir isso, peça-lhes um compromisso de dois anos. Um compromisso de dois anos tornará menos provável que seus líderes recém-nomeados desistam após seis meses de plantação. O prazo de dois anos também fornece uma data de término para sua atribuição. Se tudo correr bem, eles podem ser renovados por um segundo período de dois anos, e talvez até mais.

Não espere até o mês anterior ao início dos trabalhos para procurar um líder. Que a busca da liderança do ministério infantil seja uma das primeiras coisas a serem feitas. Identifique seus líderes seis meses ou até um ano antes da data de início. Isso lhes dará tempo para treinar e planejar. Incentive-os a acompanhar o diretor do ministério infantil de sua igreja plantadora por um mínimo de três meses para um treinamento na função.

Reúna-se com seus novos líderes mensalmente para atualizações e cuidados. Certifique-se de que eles estão equilibrando seu próprio bem-estar espiritual, as necessidades da família e as demandas de um novo ministério. Não os deixe ficar esgotados.

Não deixe esse casal (ou indivíduo) tentar organizar o ministério infantil por conta própria. Incentive-os a recrutar algumas pessoas de sua equipe base. Seu primeiro objetivo é desenvolver uma equipe de liderança do ministério infantil — algumas almas competentes e com coração de servo, que queiram se doar à plantação da igreja dessa forma. Ajude-os a escolher algumas pessoas da equipe base e, em seguida, incentive essa equipe inicial a planejarem e orarem juntos.

Para líderes de ministério infantil

Agradecemos por assumir essa responsabilidade pelo seu pastor. O que você precisa saber de seu pastor é o nível de envolvimento que ele quer ter nas decisões iniciais. Aqui estão algumas possibilidades:

202 | MINISTÉRIO INFANTIL

- **Opção 1.** Seu pastor diz: "Eu delego isso *completamente* a você". Talvez o pastor da plantação de sua igreja esteja tão sobrecarregado com o que ele está fazendo que ele precisa que você assuma total responsabilidade por tudo no ministério infantil. Como vimos em nosso capítulo sobre liderança pastoral (Capítulo 4), não encorajamos os pastores a se desconectarem totalmente do ministério infantil. É vital ter *alguma* supervisão pastoral. Insista em reuniões para dar atualizações ao seu pastor e fazer perguntas críticas. Planeje-as com um mês ou dois de antecedência para facilitar o ajuste na agenda dele.

- **Opção 2.** Seu pastor diz: "Estarei envolvido em um nível macro". Ele define o rumo para onde as coisas precisam ir (por exemplo, a filosofia e o DNA geral do ministério infantil), mas não toma decisões sobre o que acontece nas trincheiras. Ele não está envolvido no que acontece no dia a dia. Por exemplo, se um pastor diz: "Eu quero que o material da escola dominical seja centrado no evangelho", então você precisa sair e encontrar algo que se encaixe nessa prioridade. Em seguida, você trabalhará para preparar seus professores para comunicar o currículo de uma forma adequada a cada faixa etária.

- **Opção 3.** Seu pastor diz: "Eu quero estar envolvido em tudo". O pastor da plantação de sua igreja quer se envolver nos níveis macro e micro de tomada de decisões e preparação. Ele quer definir as prioridades gerais, mas também estar envolvido nos detalhes menores. Com tudo o que ele tem para resolver, é irrealista esperar que ele analise cada passo. A menos que ele esteja disposto a delegar, você pode precisar recusar servir nessa função. Restrições de tempo e níveis de estresse determinam que os plantadores de igrejas precisam de ajuda para iniciar um novo ministério infantil. Converse com seu pastor e elabore uma lista de responsabilidades exigidas de um líder de ministério infantil. Ao analisar essa lista de tarefas, ele pode estar mais disposto a delegar. Tente apresentá-lo a nossa opção ideal, a opção 2 ("Estarei envolvido em um nível macro"). Achamos que é a escolha mais sábia e realista.

2. NÃO PRESUMA QUE A ESPOSA DO PLANTADOR DE IGREJAS SERÁ A LÍDER DO MINISTÉRIO INFANTIL

No primeiro ano de muitas plantações de igrejas, espera-se que a esposa do pastor organize e mantenha o ministério infantil. Na maioria dos domingos, isso significa que ela é o ministério infantil — *o ministério todo*. Ela registra as entradas. Ela organiza jogos e tarefas. Ela acompanha as crianças todas as semanas, pois muitos voluntários ainda não são confiáveis. Ela dá lanche às crianças. Ela troca fraldas sujas e limpa os narizes.

Infelizmente, ela raramente ou nunca participa dos cultos, então ela pode passar meses sem ouvir seu pastor (seu marido) pregar. Ela enfraquece espiritualmente. Ao mesmo tempo, ela está sobrecarregada com as exigências das manhãs de domingo. Ela mantém o ânimo, pois não quer ser um desencorajamento para seu marido plantador de igrejas. Mas eventualmente — talvez após um ano de plantação — ela perceba: "Não posso continuar fazendo isso".

Se você é o pastor principal em uma igreja, não deixe que sua esposa fique assim. Você pode pensar que isso é um mito exagerado. Essa história não é ficção, é um cenário da vida real que se desenrola em dezenas de plantações de igrejas. Querido pastor, não deixe a vida espiritual de sua esposa sofrer por receber toda a responsabilidade do início de um ministério infantil. Se sua esposa quer ajudar, isso é ótimo, mas não coloque todo o peso sobre seus ombros.

Deixe sua esposa ser sua esposa, uma mãe e um membro da igreja. Evite torná-la a dirigente do ministério infantil. Isso será muito bom para o seu casamento, melhor ainda para a sanidade dela. E isso permitirá que ela concentre seu tempo e atenção onde devem estar — em amar Jesus e encorajar você em seus empreendimentos.

Por outro lado, uma esposa de pastor ocasionalmente servindo no ministério infantil pode ser de grande valia. O serviço do ministério infantil em uma nova plantação de igreja é um empreendimento de "todos ao serviço". A participação de sua esposa incentivará os líderes do ministério infantil e fornecerá uma forma tangível de apoio. Fazer com que sua esposa participe uma vez por mês também lhe dará informações sobre os desafios no ministério infantil, impedindo que você se desconecte desse importante ministério.

3. COMECE PEQUENO

A tentação é tentar lançar um ministério infantil de serviço completo com ofertas para todos os níveis etários e programação criativa do início ao fim. O pensamento é assim: "se você fizer, eles aparecerão". Se você criar programas extragrandes para crianças, mais famílias ficarão com você.

O perigo é construir um programa *insustentável*. Ele vai esgotar os poucos voluntários disponíveis, e você vai se ver com o estresse de preencher lacunas para atender às demandas de um grande programa infantil. No início, algumas de suas aulas podem parecer mais com uma creche do que com discipulado programado para algumas crianças, e tudo bem. Se as crianças estão seguras, o evangelho é apresentado nas histórias bíblicas e você não perde uma criança em seus primeiros seis meses, você está indo bem.

Dimensione o seu projeto de ministério infantil segundo o tamanho que seu projeto de igreja pode lidar de forma realista. Então, conforme o tempo passa e a igreja é abençoada com mais membros, você pode aumentar o ministério infantil ao longo do caminho.

4. SEGURANÇA EM PRIMEIRO LUGAR

A dra. Anna Salters é a principal especialista dos Estados Unidos em agressores sexuais. Ela fez extensas entrevistas e pesquisas sobre o comportamento predatório deles. Ela escreve: "Não acho que a maioria dos pedófilos esteja procurando um desafio; a maioria está procurando um alvo fácil".[1]

Plantações de igreja são alvos fáceis. Pense conosco por um momento sobre isso. Uma plantação de igreja fez uma busca de todos os seus visitantes no banco de dados de agressores sexuais. Eles descobriram que três criminosos sexuais registrados compareceram em seus primeiros dois anos e meio. Lembre-se, a grande maioria dos pedófilos não foi apanhada e, portanto, não está registrada.

---

1 Anna Salter, *Predators: Pedophiles, Rapists, and Other Sex Offenders: Who They Are, How They Operate, and How We Can Protect Ourselves and Our Children* (Nova Iorque: Basic Books, 2003), p. 225.

Uma breve palavra aos plantadores de igrejas | 205

A maioria das plantações de igreja não pensa cuidadosamente sobre a segurança infantil. Eles estão inclinados a organizar rapidamente um ministério infantil — comprar um currículo, recrutar alguns voluntários e, em seguida, dizer-lhes para pular de cabeça. E é isso.

Faça com que seus líderes do ministério escrevam uma política de proteção infantil, selecionem voluntários com um processo seletivo e façam verificações de antecedentes. Mas você pode encontrar resistência. Você pode receber comentários como: "Por que se preocupar? Somos um grupo pequeno" ou "Conhecemos todo mundo".

Não ceda a murmurações e oposição. Os agressores sexuais presumem que as plantações de igreja serão um alvo fácil porque os plantadores não pensaram cuidadosamente sobre como criar um ambiente seguro para suas crianças. O acesso a elas é fácil. Afinal de contas, você provavelmente estará desesperado por voluntários, certo? Se alguém que se diz crente aparecer e for enérgico, gentil, atencioso e prestativo, você provavelmente dirá: "Sim, por favor, entre".

Não se deixe enganar. Isso é precisamente o que a maioria dos agressores sexuais quer: aliciar você (o guardião) para pensar que você deve permitir ao agressor oportunidades de estar perto das crianças de sua igreja. Não deixe sua plantação ser um alvo fácil.

Queremos que sua igreja seja uma testemunha radiante do evangelho para a glória de Deus. Não acabe como uma estatística nos jornais, como exemplo de mais uma congregação que foi descuidada com suas crianças e invadida por um abusador disfarçado.

5. NÃO REINVENTE A RODA

Para pastores plantadores de igrejas

Uma maneira de seus líderes recém-nomeados aprenderem os detalhes administrativos é acompanhar um dirigente de ministério infantil experiente. Tome providências para que sua equipe inicial treine com os líderes do ministério de crianças da sua igreja de origem. Eles podem aprender os principais componentes de um ministério infantil em algumas semanas. Mas acompanhar um dirigente de ministério infantil por três a seis meses exporá sua equipe inicial aos desafios e soluções correspondentes que surgem a cada semana.

Se não é uma opção observar o ministério infantil da igreja plantadora, considere fazer parceria com uma igreja fiel ao evangelho que você respeita em sua comunidade. Procure uma que tenha um ministério infantil robusto, que você gostaria de ter como exemplo para o seu trabalho. Ligue para o dirigente do ministério infantil e peça uma chance de falar sobre trabalhar com seus líderes e permitir que eles observem seu ministério.

Para líderes de ministério infantil

Não presuma que você pode aprender a liderar um ministério infantil por meio de telefonemas. Você pode aprender muito sobre um programa com uma visita em um domingo pela manhã, mas isso não vai prepará-lo ou treiná-lo suficientemente.

Quanto mais experiente você for, menos tempo precisará em treinamento. Mas não subestime o valor de um tempo prolongado servindo ao lado de outro ministério. Para aqueles com pouca ou nenhuma experiência, planeje observar outro ministério por um mínimo de dois meses, dois ou três domingos por mês. Se você tiver todo esse tempo, duas vezes por mês durante um ano lhe dará uma base de conhecimento e muito tempo para preparar seu plano de ministério.

Passe tempo em cada um dos níveis etários da igreja. Faça perguntas sobre sua filosofia de ministério infantil; diretrizes e triagem de segurança infantil; recrutamento e treinamento de voluntários; interações com a liderança da igreja; currículo; o escopo, sequência, estrutura e fluxo dos programas infantis; e a interseção entre o ministério infantil e os cultos públicos da igreja, para citar apenas algumas coisas. Basicamente, faça todas as perguntas que puder.

Veja se você pode usar o manual de diretrizes deles como ponto de partida para escrever o seu. Depois de redigir o seu, peça ao dirigente do ministério infantil que o leia e faça recomendações para mudanças.

Pergunte aos líderes com quem você está treinando se eles estariam dispostos a fazer uma visita ao seu espaço de reunião assim que ele for definido. Ter um olhar experiente pode ajudá-lo a utilizar o novo espaço, sinalizar possíveis riscos de segurança e oferecer outras sugestões.

Finalmente, enquanto você observa e treina ao lado de outro ministério, pense e discuta com seu pastor a respeito do fundamento filosófico para o seu ministério. Vocês devem trabalhar em conjunto para formular a missão, visão, tema e nome antes do lançamento da plantação da igreja, e devem começar a passar essa visão para sua equipe.

6. APOIE A EQUIPE DO SEU MINISTÉRIO INFANTIL

Como você se relaciona com os recém-nomeados líderes do seu ministério infantil? A comunicação regular é uma obrigação. Mesmo que não haja nenhuma reunião na agenda, envie uma mensagem de texto ou um e-mail na segunda-feira que pergunte: "Como foi ontem? Tudo bem? Como posso orar por você?". Porém, não se contente com e-mails e mensagens de texto. Encontre ocasiões periódicas para todos se encontrarem pessoalmente e conversar. Reuniões regulares oferecem um contexto para mostrar apoio e direcionar a visão e a filosofia do panorama geral.

Muitas vezes, surge uma tensão em uma plantação de igreja entre o ministério infantil e a reunião de domingo. Se o ministério infantil faz muitas coisas desde o começo, metade ou mais de sua congregação perderá a pregação da Palavra, porque estão servindo no ministério infantil. Se você deixar o ministério infantil com poucas pessoas, esgotará sua equipe inicial e talvez comprometa a segurança. Trabalhe com a equipe de ministério infantil com antecedência, a fim de encontrar um equilíbrio adequado.

A maioria das plantações de igreja precisam que quase todos sirvam no ministério infantil, o que faz com que seja um empreendimento de *toda*

208 | MINISTÉRIO INFANTIL

a igreja. O apoio do pastor plantador é crucial. Sua liderança estimula que os membros se juntem a esta tarefa. "Venha, sirva em nosso ministério infantil", diz ele, "as crianças são uma bênção do Senhor, e queremos ser cuidadores fiéis de nossos filhos".

Se você, como pastor, apoiar pública e privadamente, a equipe de ministério infantil sentirá seu apoio, o que, por sua vez, os motivará a trabalhar duro para tornar o ministério infantil um sucesso. Procure oportunidades para encorajar aqueles que servem no ministério infantil e agradeça-lhes por seu serviço.

APÊNDICE B

GUIA PARA ESCREVER E IMPLEMENTAR UMA POLÍTICA DE PROTEÇÃO INFANTIL

Não queremos crianças vítimas de abuso ou negligência. Queremos administrar fielmente a responsabilidade que temos por nossos filhos. Para isso, precisamos redigir uma política de proteção infantil (PPI). Uma PPI é um conjunto autoimposto de padrões que estabelece um ambiente seguro para nossas crianças. Alguns de seus amigos podem dizer: "Não precisamos de políticas ou procedimentos. Nós podemos apenas ir resolvendo isso". Operar sem um PPI é uma receita para o desastre. Se algo der errado, você se verá lutando para lidar com um grande problema com pouca ou nenhuma orientação. Você improvisará ao longo do caminho, o que exporá sua falta de preparo.

Se você concorda que uma PPI é uma coisa boa, então como escrever e implementar uma? Beth Swagman aconselha: "Não há uma política única que funcione bem em todos os lugares! A política de segurança infantil que funciona bem em uma igreja ou organização sem fins lucrativos não funcionará necessariamente bem em outra igreja ou organização. Os modelos de políticas podem ajudar a visualizar como será o produto final, mas uma organização que adota o documento de outra organização sem primeiro examinar como

210 | MINISTÉRIO INFANTIL

ele se encaixa em sua própria configuração muitas vezes descobrirá que deveria ter 'experimentado antes de comprá-lo."[1]

Em vez de dar a você exemplos de políticas, pensamos que uma maneira melhor de ajudar é identificar as partes mais importantes de uma política de proteção infantil e ajudá-lo a traçar estratégias para implementar sua nova política da melhor maneira. Não vamos construir a máquina para você, mas podemos ajudá-lo a começar.

AS PARTES MAIS IMPORTANTES DE UMA PPI

Vamos começar traçando as partes vitais de uma PPI e por que elas são importantes. Os itens incluídos aqui não são abrangentes, mas são destacados para dar uma noção do que a sua PPI pode incluir.

Estabeleça a visão e a missão do ministério infantil

A *visão* diz aonde você quer ir; a *missão* diz como você vai chegar lá. Quais são as prioridades, valores e metas do ministério infantil e como você deseja alcançá-los?

Por exemplo, nossa visão do ministério infantil na Capitol Hill Baptist Church (CHBC) é "Gerações de Piedade". Quando Cristo voltar, queremos ser conhecidos como uma igreja que levantou muitas gerações de crentes fiéis para prosseguir com a grande fé que nos foi dada por nossos antepassados (Dt 6.4-9 e 2Tm 3.14-15).

Nossa missão afirma: O ministério infantil da CHBC existe para glorificar a Deus:

+ mantendo um ambiente seguro e protegido;
+ apoiando e encorajando os pais, que são os principais responsáveis por ensinar as verdades bíblicas aos seus filhos (Ef 6.4);

---

1 Beth Swagman, *Preventing Child Abuse: Creating a Safe Place* (Grand Rapids, MI: Faith Alive Christian Resources, 2009), p. 17.

Guia para escrever e implementar uma Política de Proteção Infantil | 211

- tornando todo o conselho das Escrituras conhecido das crianças, com especial ênfase no evangelho (Dt 6.6-9; Rm 1.16-17);
- orando pelas crianças e confiando no Espírito Santo para regenerar seus corações por meio do ensinamento fiel de sua Palavra (Rm 10.17; Ef 2.4-10);
- viver fielmente diante das crianças e servir de exemplo para elas de como os cristãos são chamados a responder a Deus e interagir uns com os outros e com o mundo ao nosso redor (Mt 5.16; 1Co 11.1);
- encorajar as crianças a servir, não apenas a serem servidas (Mc 10.43-45);
- manter os mais altos padrões éticos, de modo que voluntários e professores sempre vivam e sirvam acima de qualquer suspeita, protegendo a reputação do evangelho de Cristo;
- e preparar as crianças para participar da reunião dominical com seus pais e, se Deus quiser, um dia se tornarem membros adultos plenamente participantes.

Estabeleça os parâmetros da política

É essencial definir os parâmetros pelos quais a política se aplica ou não. A definição do escopo da política limita a responsabilidade, ajudando a esclarecer o que se enquadra dentro ou fora da responsabilidade da equipe ou dos voluntários do ministério infantil. Por exemplo, a política só se aplica a eventos do ministério infantil na igreja ou também a reuniões externas, como pequenos grupos?

Conheça as leis locais[2]

As leis de cada estado em relação à proteção de crianças diferem amplamente e estão sempre mudando. Alguns estados, como a Pensilvânia, exigem várias verificações de antecedentes para todos os voluntários que trabalham

---

2 N. E.: No Brasil, é possível verificar se uma pessoa possui antecedentes criminais através da emissão gratuita de uma certidão, documento que informa se existem registros de crimes em nome de alguém, com informações relacionadas ao nome do requerente e mantidas na base de dados da Polícia Federal. Para mais informações, acesse: https://www.gov.br/pt-br/servicos/emitir-certidao-de-antecedentes-criminais.

212 | MINISTÉRIO INFANTIL

com crianças. No nosso caso, na Covenant Fellowship, não serve uma verificação comum de antecedentes. Somos obrigados a obter uma liberação de impressões digitais do FBI, uma liberação de histórico de abuso infantil da Pensilvânia e uma verificação de antecedentes criminais do estado da Pensilvânia para cada voluntário.

Não presuma que as autoridades locais saberão os requisitos para a sua igreja. Eles podem não conhecer as últimas alterações legislativas. É melhor procurar um advogado para analisar as leis do seu estado. Um telefonema de uma hora com um advogado pode ajudá-lo a entender os requisitos do seu estado específico. Eles podem ajudar a garantir a conformidade para verificações de antecedentes, requisitos de relatórios de abuso infantil e quaisquer outros problemas legais que possam afetar sua sala de aula.

Defina seu pessoal

Defina quem participará do ministério infantil, quais serão seus papéis e o que será exigido deles. Por exemplo, aqui está como um PPI pode definir o pessoal:

A *equipe* são os funcionários pagos da igreja. Todos os funcionários da igreja em tempo integral são obrigados a passar por uma verificação de antecedentes, independentemente de terem ou não contato direto com as crianças.

Os *voluntários* são aqueles que trabalham com crianças e não são empregados pela igreja. Todos os voluntários que servem no ministério infantil são obrigados a passar pelo treinamento e pelos procedimentos de triagem do ministério infantil antes de servirem. Os voluntários incluem cuidadores de crianças, líderes de equipe, monitores de corredor, professores e qualquer outra pessoa que sirva às crianças.

Outros termos de pessoal que você pode considerar definir são "adultos", "menores", "ajudantes", "diáconos", "pastor/presbíteros" ou "corpo governante".

Defina expectativas para todos os membros da equipe e voluntários

Se a descrição do pessoal apresenta responsabilidades específicas para cada função, esta seção de expectativas é mais geral. Que expectativas gerais você tem para todos que servem? Por exemplo, uma política pode dizer: "Todos os membros da equipe e voluntários do ministério infantil compartilham a responsabilidade de amar as crianças como Cristo as ama e de dar um exemplo de conduta cristã adequada na maneira como vivem suas vidas".

Decida os procedimentos de treinamento e triagem

Quais aulas de treinamento ou procedimentos de triagem a igreja empregará? Liste-os nesta seção. Algumas perguntas às quais você pode precisar responder:

- ✦ Quanto tempo uma pessoa deve fazer parte da igreja antes que ela possa servir com as crianças?
- ✦ Qual é a idade mínima de um voluntário?
- ✦ Que tipo de treinamento os voluntários precisam concluir?
- ✦ Existe uma inscrição? O voluntário é obrigado a preenchê-la?
- ✦ A igreja fará verificações de antecedentes, verificações de referência, verificações de mídias sociais ou qualquer outra forma de investigação sobre o passado da pessoa, como entrevistas ou impressões digitais?
- ✦ Quem aprova os voluntários?
- ✦ Que registro prévio de prisão deve impedir uma pessoa de servir com crianças?
- ✦ Haverá verificações repetidas no futuro? Com que frequência?
- ✦ A equipe é obrigada a passar por procedimentos de triagem?

Organize configurações de sala de aula seguras

Isso inclui a regra de dois adultos por turma, proporções específicas de crianças para cada adulto, diretrizes para visibilidade, disciplina, toque físico, comida e bebida.

214 | MINISTÉRIO INFANTIL

Regra dos dois adultos. Como a maioria dos abusadores de crianças gosta de feri-las em ambientes isolados, os especialistas recomendam ter dois adultos por perto o tempo todo. Para dar um passo além, pois familiares muitas vezes não estão dispostos a relatar irregularidades de parentes, os especialistas também recomendam dois adultos *sem parentesco* servindo juntos. Além disso, especifique quaisquer requisitos de gênero (ou seja, quando dois adultos servem juntos, um deles deve ser sempre uma mulher?).

Proporção adulto-crianças. Que tipo de proporção você deve ter para manter as crianças seguras? Se você não tiver certeza disso, ligue para uma creche ou escola local para descobrir quais proporções eles usam.

Visibilidade. Quando as aulas ou programas estão acontecendo, o que é necessário? As portas precisam estar abertas? Que tipo de visibilidade do professor e dos ajudantes as pessoas de fora da sala devem ter?

Correção. Quando uma criança se comporta mal, como a equipe, os cuidadores de crianças ou os professores devem lidar com isso? Indique formas apropriadas de correção e como elas devem ser implementadas. Explique o que a equipe ou os voluntários estão proibidos de fazer. Seja claro sobre o que o voluntário deve fazer se a criança estiver fora de controle, prestes a causar danos a outras crianças ou não responder a meios aceitáveis de correção.

Comunicação. Quando, como e por que a equipe e os voluntários chamam os pais para irem até seus filhos?

Toque físico. O que é um toque adequado ou inadequado? Seja claro. Defina isso para relacionamentos de adulto com criança e relacionamentos entre as crianças ou entre adolescente e criança.

Trocar fraldas e assistência adequada ao banheiro. Qualquer membro da equipe deve ser autorizado a trocar uma fralda ou isso deve ser restrito a mulheres? Os voluntários podem ajudar crianças que precisam de assistência no banheiro? Qual é o procedimento adequado para lidar com acidentes de banheiro?

Alimentos e bebidas. O que é permitido ou não nas áreas do ministério infantil? Os voluntários alimentarão as crianças mais novas ou isso deve ficar a

Guia para escrever e implementar uma Política de Proteção Infantil | 215

cargo dos pais? As crianças mais velhas terão lanches e bebidas? Em caso afirmativo, o que será servido? Como as alergias serão tratadas? Os pais podem enviar lanches com seus filhos?

Apresente regras de proteção e diretrizes de segurança

O que mais precisamos fazer para manter nossas crianças seguras?

Doença e saúde. Pense no que a equipe e os voluntários devem fazer para prevenir doenças infecciosas. O que os voluntários devem fazer quando trocam fraldas, limpam o nariz ou lidam com sangramentos? Quando uma criança não deve participar de uma aula? O que a equipe procurará para verificar se há crianças doentes? Como os brinquedos e equipamentos serão higienizados? Esta seção também deve incluir uma descrição das precauções gerais. Veja o Apêndice C para uma amostra de política de doenças transmissíveis que você pode adaptar para atender às suas necessidades.

Processo de entrada e saída. O que um pai ou mãe precisa fazer na entrada ou saída de uma criança? Descreva o sistema utilizado para esse fim e como os pais e voluntários fazem uso dele. O que acontece se um pai perder a forma designada de identificação (por exemplo, pulseira ou adesivo)?

Procedimentos de banheiro. Explique quem pode levar as crianças ao banheiro. Deve se exigir um mínimo de duas crianças para ir com um adulto ao banheiro? Decida com que idade uma criança pode usar o banheiro por conta própria.

Diretrizes de transporte. Quem tem permissão para transportar as crianças? Quantos adultos e crianças ou adolescentes devem estar presentes para transportar crianças ou jovens? Que tipo de consentimento é exigido pelos pais ou por qualquer outra pessoa que os conduza? O motorista deve manter um registro das viagens? Com que frequência seu registro de condução será revisado? Que requisitos legais de segurança para assentos de carro, cintos de segurança ou airbags devem ser declarados na diretriz? A sua companhia de seguros permite condutores além dos funcionários da igreja?

216 | MINISTÉRIO INFANTIL

Diretrizes para eventos fora da igreja ou fora da cidade. Especifique restrições. Por exemplo, os líderes não devem ficar sozinhos com crianças ou adolescentes. Eles devem ter limites de contato físico. Não há namoro entre líderes e adolescentes e nenhuma comunicação privada além da supervisão dos pais. Além disso, não há uso de álcool ou drogas ilegais. Pode-se considerar incluir também:

+ Qual é a diferença de idade mínima entre um voluntário/equipe e crianças ou adolescentes?
+ Qual é o número mínimo de membros da equipe ou voluntários necessários para realizar um evento externo?
+ Existe um número mínimo de crianças ou adolescentes necessário para um evento ou programa?
+ O que a equipe ou os voluntários devem fazer se o comportamento de uma criança justificar a remoção dela?
+ Que diretrizes de segurança a equipe e os voluntários devem seguir quando estiverem fora da igreja? Que tipo de consentimento por escrito é necessário requerer dos pais? Que condições de dormitório as crianças devem ter? As crianças podem sair do local e, em caso afirmativo, em que condições?
+ Que diretrizes são necessárias para o uso do banheiro ou para disciplina durante eventos fora da igreja ou fora da cidade?
+ O que os voluntários ou membros da equipe devem fazer em resposta ao bullying?
+ Será necessária uma extensão de seguro para cobrir riscos em um evento externo?

Plano de resposta a emergências e procedimentos de evacuação. Como a igreja planeja lidar com uma evacuação? Um tornado ou um terremoto? Um atirador ou algum outro perigo de segurança? Uma criança desaparecida ou um sequestro? Responder a um atirador ou a um tornado requer diferentes planos de ação.

Um plano de prevenção e resposta contra negligência e abuso infantil. Comece definindo termos essenciais, como "abuso", "negligência" e assim por diante. Defina os passos que uma igreja deve tomar para evitar abusos. Destaque quem é o ponto de contato para tratar de alegações de abuso e as diretrizes de como fazer uma denúncia. Quais são as diretrizes legais para denúncias? O que a igreja fará em resposta a alegações — denunciar à Delegacia de Proteção à Infância e Adolescência ou ao Conselho Tutelar? Remover o suposto criminoso das programações infantis? Notificar a congregação? Garantir que o suposto criminoso tenha um acompanhante enquanto estiver na igreja? Suspender ou demitir um funcionário? Especifique o que a igreja fará se souber de denúncias por meio da polícia ou do Conselho Tutelar. Explique também que tipo de resposta a igreja terá se um adulto denunciar que sofreu abuso quando era criança na igreja. Quais são os parâmetros de confidencialidade? Como a igreja lida com a mídia?

Diretrizes sobre como a igreja lida com agressores sexuais que frequentam ou se tornam membros da igreja. Esclareça o que a igreja fará se um infrator comparecer à igreja uma ou duas vezes. E se ele começar a comparecer regularmente? Descreva o que acontece se o ofensor quiser ser membro da igreja. Com que tipo de diretrizes e proibições o ofensor deve concordar antes de se juntar à congregação?

Uma política de obrigatoriedade de informação. Sua igreja se comunicará com outras igrejas, organizações ou escolas sobre um abusador que frequentou sua igreja, mas agora está frequentando outra igreja ou organização? Em caso afirmativo, como deve ser esse processo?

Adicione formulários e recursos

Você pode criar um apêndice no fim de sua PPI para formulários, listas e outros recursos de apoio. Considere incluir sinais e sintomas de abuso; uma amostra de todos os formulários do ministério infantil (relatório de incidente,

218 | MINISTÉRIO INFANTIL

consentimento médico, consentimento de transporte); formulários de triagem (ou qualquer outro tipo de seleção); e diretrizes legais para relatórios obrigatórios ou recomendados.

ESTRATÉGIA PARA ESCREVER E IMPLEMENTAR UMA NOVA PPI

Se você está considerando escrever uma política de proteção infantil pela primeira vez (ou revisar sua PPI atual), você deve pensar nas etapas a seguir.[3] Provavelmente algumas pessoas resistirão à sua nova política, então ore e seja paciente durante esse processo.

Revise seu estatuto da igreja/denominação (ou livro de ordem da igreja)

Você deve seguir todos os requisitos encontrados nestes documentos regulatórios. Você pode descobrir que já há requisitos ou diretrizes para proteger crianças listadas neles.

Envolva a liderança da sua igreja desde o início

Encontre alguém na liderança da igreja que veja a prevenção e a resposta ao abuso infantil como uma questão importante. Inicie um diálogo. Seja gracioso e atencioso ao se aproximar. Comece com o conceito de abuso infantil, as obrigações legais e morais de proteger as crianças, falsas suposições e possíveis medos ou preocupações.

Vocês podem responder a perguntas como: "O abuso pode realmente acontecer em nossa igreja? Será que uma nova política será complicada e desencorajará as pessoas de servirem no ministério infantil? Quais parâmetros legais precisam ser considerados?". Ou talvez: "O que pode ajudar a igreja a estar preparada e reduzir o risco de abuso?".

---

3 Tiago Cobble, Richard Hammer, e Esteven Klipowicz, *Reducing the Risk II: Making Your Church Safe From Sexual Abuse* (Carol Stream, IL: Church Law & Tax Report, 2003), p. 67-71.

Prepare a equipe, voluntários e a congregação

A ignorância é uma das principais razões pelas quais os abusadores são bem-sucedidos em contextos de igreja, portanto, eduque sua igreja sobre questões de abuso infantil. Use todos os meios disponíveis para comunicar-se com a igreja: seminários especiais, um sermão de domingo, inserções em boletins, artigos no jornal da igreja e assim por diante. Ao educar e preparar a congregação, você também está construindo um consenso em torno da importância desta questão.

Escreva ou reescreva suas políticas

Depois que o conceito é aprovado pelos líderes da igreja, alguém tem que fazer o trabalho duro de escrever uma política. Obtenha exemplos de cópias de políticas de outras igrejas, mas lembre-se de que cada política precisa ser adaptada para atender às necessidades específicas de sua comunidade. Algumas igrejas gostam de formar um comitê que define os detalhes, mas temos percebido que geralmente torna-se complicado e demorado. É muito mais eficiente designar alguém como redator principal e, em seguida, diferentes membros da igreja (por exemplo, professores, médicos, advogados, enfermeiros, pais) oferecem comentários quando o esboço inicial é concluído. Então, você deve pedir aos líderes da igreja que deem o aval às políticas e que os advogados da igreja as revisem.

Treine líderes, equipe e voluntários — e avalie

Com uma nova política em vigor, a igreja precisa ser educada para que todos estejam familiarizados com as novas diretrizes. A equipe atual precisa ser retreinada e os novos voluntários precisam ser treinados antes de servirem pela primeira vez. Depois de algum tempo para executar a política, ela deve ser avaliada pela equipe ou pelos líderes da igreja. O dirigente do ministério infantil pode coletar avaliações de professores e cuidadores de crianças e conversar sobre isso com os líderes do ministério infantil. Se for necessário fazer ajustes, revise a política.

Mantenha sua política

Quem receberá uma cópia da PPI? Com que frequência serão feitas alterações? Qual é o processo para que uma mudança de política seja aprovada? Depois de alterar a política, quem recebe uma cópia do documento alterado? Como informar os novos membros que entram na igreja após a conclusão da implementação da política inicial?

APÊNDICE C

POLÍTICA DE DOENÇAS TRANSMISSÍVEIS [MODELO]

Para prevenir a propagação de doenças transmissíveis entre crianças, as seguintes diretrizes estão em vigor.

Crianças com doenças infecciosas devem permanecer em casa até que elas não sejam mais contagiosas. Uma criança não deve participar de uma classe se e quando houver alguma das seguintes situações:

- Febre, vômito ou diarreia (Observação: as crianças devem estar livres de febre, vômito ou diarreia por 24 horas antes de comparecer ao ministério infantil.)
- Quaisquer sintomas de escarlatina, sarampo, caxumba, catapora ou coqueluche, COVID-19 ou gripe. As crianças não devem regressar até serem liberadas por um médico
- Resfriados — desde o início dos sintomas e uma semana depois
- Dor de garganta
- Bronquite
- Piolhos
- Qualquer erupção cutânea suspeita

222 | MINISTÉRIO INFANTIL

+ Qualquer infeção da pele, como furúnculos ou micose
+ Infeção nos olhos
+ Corrimento nasal espesso verde ou amarelo ou constante
+ Qualquer outra doença infecciosa

Se uma criança apresentar algum desses sintomas na sala de aula após a sua chegada, deve ser removida do contato com as outras crianças e devolvida aos cuidados dos pais com uma explicação dos sintomas.

Durante uma propagação mais aguda da doença, como ocorre em um surto ou pandemia, pode ser necessário verificar as temperaturas das crianças e usar desinfetante para as mãos antes de recebê-las em sala. Nesses casos, siga as diretrizes estabelecidas pelas agências de saúde responsáveis.

Os voluntários devem usar luvas de látex descartáveis e realizar procedimentos de higiene adequados para trocar fraldas, limpar o nariz e lidar com sangramentos. A lavagem das mãos e o uso de desinfetante antibacteriano para as mãos devem ser hábitos regulares tanto para crianças quanto para voluntários.

Lave as mãos antes e depois de qualquer contato com fluidos corporais, incluindo limpar o nariz, trocar fraldas, limpar o vômito e tratar sangramentos. Sempre use luvas descartáveis ao lidar com fluidos corporais. Trate todas as roupas sujas (ou seja, lençóis, roupas) como agentes potencialmente infecciosos.

No final do dia, desinfete os banheiros, a sala de aula e todos os brinquedos com um limpador antibacteriano/antivírus ou desinfetante.

Como um ministério dedicado a prevenir a propagação de doenças entre as crianças, seus líderes de equipe e os diáconos têm o direito de recusar uma criança com base em sintomas questionáveis. Para evitar a necessidade de afastar uma criança da participação na classe, solicita-se que os pais cumpram as diretrizes da política de doenças transmissíveis.

Nem voluntários ou funcionários da igreja podem dar qualquer medicação a qualquer criança.

NECESSIDADES ESPECIAIS

Os pais de crianças com necessidades especiais são incentivados a entrar em contato com o diretor do ministério infantil *antes* de inscrever a criança na classe. Isso permite que a equipe avalie as necessidades da criança e ajude os pais na transição de seu filho para um ambiente de sala de aula.

APÊNDICE D

RECURSOS RECOMENDADOS[1]

RECURSOS DE MARTY MACHOWSKI

Currículo *The Gospel Story* (material de três anos para a Escola Dominical)

Long Story Short: 10-Minute Devotions to Draw Your Family to God

Old Story New: 10-Minute Devotions to Draw Your Family to God

The Gospel Story Bible: Discovering Jesus in the Old and New Testaments

Wise Up: Proverbs for the Classroom (material de doze semanas)

Wise Up: 10-Minute Family Devotions in Proverbs

Listen Up: Jesus's Parables for Sunday School (material de doze semanas)

Listen Up: 10-Minute Family Devotions on the Parables

Prepare Him Room: Celebrating the Birth of Jesus Advent Sunday School Curriculum (material de quatro semanas)

Prepare Him Room: Celebrating the Birth of Jesus Family Devotional

Nota: Todos os recursos acima trabalham juntos para fornecer a você um currículo de ministério infantil e recursos para devocionais familiares em casa.

---

1 N.E.: Apesar de estarem, em sua maioria, disponíveis em língua inglesa, as recomendações citadas pelos autores podem ajudar aqueles que têm o conhecimento da língua.

226 | MINISTÉRIO INFANTIL

The Ology: Ancient Truths Ever New (uma teologia sistemática ilustrada para crianças)

Wonder Full: Ancient Salms Ever New (um estudo do livro de Salmos com muitas ilustrações e uma divertida história ficcional)

God Made Me for Heaven: Helping Children Live for an Eternity with Jesus

Deus fez meninos e meninas: Ajudando crianças a entenderem o dom do gênero. (São José dos Campos, SP: Fiel, 2021)

Nota: Todos esses recursos estão disponíveis em newgrowthpress.com.

RECURSOS ADICIONAIS

Livros para leitura infantil

Jared Caionedy, *Jesus Rose for Me* (Greensboro, NC: New Growth Press, 2020).

Jared Caionedy, *Jesus Comes for Me* (Greensboro, NC: New Growth Press, 2020).

Jared Caionedy, *Jesus Is Bigger than Me* (Greensboro, NC: New Growth Press, 2021).

Sarah Reju, *God Is Better Than Trucks: An A-Z Alphabet Book* (Escócia, Reino Unido: Christian Focus Publications, 2017).

Sarah Reju, *Jesus Saves: The Gospel for Théolers* (Greensboro, NC: New Growth Press, 2021).

Biografias

Catherine MacCaiozie, *John Calvin: After Darkness Light* (Escócia, Reino Unido: Christian Focus Publications, 2009).

Catherine MacCaiozie, *Martin Luther: Reformation Fire* (Escócia, Reino Unido: Christian Focus Publications, 2016).

Catherine MacCaiozie, *John Knox: The Sharpened Sword* (Escócia, Reino Unido: Christian Focus Publications, 2012).

Rachel Lane, *John e Betty Stam: To Die is Gain* (Escócia, Reino Unido: Christian Focus Publications, 2021).

Nancy Drummond, *Lottie Moon: Changing China for Christ* (Escócia, Reino Unido: Christian Focus Publications, 2014).

Selah Helms, *Elizabeth Elliot: Do the Next Thing* (Escócia, Reino Unido: Christian Focus Publications, 2019).

Dave e Nate Jackson, *Hero Tales: A Family Treasury of True Stories From the Lives of Christian Heroes* (Minneapolis, MN: Bethany House Publishing, 1996).

Histórias bíblicas

Jared Caionedy, *The Beginner's Gospel Story Bible* (Greensboro, NC: New Growth Press, 2017).

David Helm, *The Big Picture Story Bible* (Wheaton, IL: Crossway Publishing, 2014).

Missões

Rebecca Davis, *Living Water in the Dessert: True Stories of God at Work in Iran* (Escócia, Reino Unido: Christian Focus Publications, 2019).

Tim Keese e Pedro Hansen (Dir.), *Dispatches from the Front* (Frontline Missions International, formato DVD).

Jason Mandryk, *Operation World: The Definitive Prayer Guide to Every Nation*, 7ª ed. (Downers Grove, IL: InterVarsity Press, 2010).

Jason Mandryk e Molly Wall (Eds.), *Window on the World: An Operation World Prayer Resource* (Downers Grove, IL: Intervarsity Press, 2018).

Devocionais para a família

Betsy Schmitt, *Sticky Situations: 365 Devotions for Kids and Families* (Wheaton, IL: Tyndale House, 1997).

Sinclair Ferguson, *O grande livro de perguntas e respostas: Um guia familiar para a vida cristã* (São Paulo, SP: Cultura Cristã, 2019).

228 | MINISTÉRIO INFANTIL

Ann Hibbard, *Family Celebrations: Meeting Christ in Your Holidays and Special Occasions* (Brentwood, TN: Wolgemuth & Hyatt, Publishers, 1988).

Sílvia Michael, *God's Names* (Phillipsburg, NJ: P&R Publishing, 2011).

Corlette Sande, *The Young Peace Maker: Teaching Students to Respond to Conflict God's Way* (Wapwallopen, PA: Shepherds Press, 1997).

Champ Thornton, *The Radical Book for Kids* (Greensboro, NC: New Growth Press, 2016).

Livros ilustrados

Susan Hunt, *Samuca e seu pastor: percebendo Jesus no Salmo 23* (São José dos Campos, SP: Fiel, 2008).

R. C. Sproul, *The Priest with Dirty Clothes* (Lake Marta, FL: Reformation Trust Publishing, 2011).

Ficção com temas cristãos

Patrícia St. John, *Rainbow Garden* (Chicago, IL: Moody Publishers, 2002).

Patrícia St. John, *Treasures of the Snow* (Chicago, IL: Moody Publishers, 2001).

Patrícia St. John, *The Tanglewoods' Secret* (Chicago, IL: Moody Publishers, 2001).

Patrícia St. John, *Star of Light* (Chicago, IL: Moody Publishers, 2002).

Patrícia St. John, *The Secret of Pheasant Cottage* (Chicago, IL: Moody Publishers, 2002).

Segurança infantil

Justin e Lindsey Holcomb, *Deus fez tudo em mim: um livro para ajudar as crianças a protegerem seus corpos* (São José dos Campos, SP: Fiel, 2019).

AGRADECIMENTOS

Eu (Deepak) agradeço a Marty, em primeiro lugar, por estar disposto a escrever este livro comigo. Anos atrás, quando eu era um jovem inexperiente, me aproximei de Marty com perguntas, e, repetidas vezes, ele respondeu pacientemente, orientou e foi bondoso comigo. Ele tem sido uma imagem da graça — do favor imerecido de Deus — que eu continuo não merecendo. Eu sabia que este livro seria muito melhor se os leitores tivessem um veterano experiente como Marty, alguém que andou pelos altos e baixos do ministério infantil por mais de três décadas!

Agradeço também ao nosso incrível trio de ministério infantil na Capitol Hill Baptist Church, Gio, Susan e Connie, sem as quais eu estaria em apuros. Tecnicamente, podia ter feito notas em todas as páginas com os três nomes. Obrigado pelo seu amor e encorajamento ao longo de tantos anos. Agradeço também a uma longa linha de diáconos que têm sido um apoio maravilhoso para o nosso ministério infantil.

Agradeço aos presbíteros da Capitol Hill Baptist Church e à congregação por tantos anos de encorajamento.

Obrigado, finalmente, à minha querida esposa, Sarah, e aos nossos cinco filhos, Zac, Lydia, Eden, Noelle e Abe. Mal a igreja sabe que estão em dívida com vocês — por ajudarem a me moldar, refinar e inspirar a ser um líder e pastor melhor. Eu amo vocês, e sou um homem muito mais rico por causa de vocês.

Eu (Marty) consigo me lembrar de Deepak primeiro me convidando para participar de uma conferência telefônica com alguns de seus amigos dirigentes de ministérios infantis de todo o país. Sua liderança e sabedoria em ver a importância de compartilhar desafios e comunhão com outros líderes de ministério infantil ajudaram meu crescimento e amadurecimento pessoal e ministerial. Eu valorizo nossa amizade, e escrever este livro juntos tem sido uma alegria e um prazer.

Como Deepak, eu tive uma equipe de pessoas avançando o trabalho do ministério infantil na Covenant Fellowship. Muito obrigado aos casais que conduziram nosso ministério ao longo dos anos. Tim e Cindy Campbell nos fizeram começar, Danilo e Tina Bennett nos trouxeram para nosso novo prédio. Kevin e Crystal Zepp e Jeff e Erin Cassel pegaram o bastão dos Bennetts e nos deram horas e horas de seu tempo para nos ajudar a continuar, melhorar e crescer.

Eu também gostaria de agradecer aos presbíteros da Covenant Fellowship por seu apoio inabalável e à minha esposa, Lois, por seu exemplo de serviço no Reino da Promessa nos últimos trinta anos. Suas avaliações, sugestões e incentivo me fizeram continuar e melhorar. Aos meus filhos, Emma, Nathan, Martha, Noah, Anna e Amelia, obrigado por servirem como meus pilotos de teste de lições, operadores de câmera e ajudantes gerais. Peço a Deus que derrame sua graça sobre vocês para que possam transmitir a alegria de Cristo a seus filhos.

De ambos: Obrigado a Barbara, Ruth e à equipe da New Growth Press por seu incentivo. Seu comprometimento centrado no evangelho é continuamente inspirador. Agradecemos também aos leitores do primeiro rascunho, Gio Lynch, Susan Wall, Jenny Apple e Kevin e Crystal Zepp. Vocês melhoraram o livro por meio de seus comentários! Obrigado também ao editor Ivan Mesa, que refinou o manuscrito e nos ajudou a converter quaisquer apresentações ou conclusões insuficientes em histórias que encorajam e inspiram.

O Ministério Fiel visa apoiar a igreja de Deus de fala portuguesa, fornecendo conteúdo bíblico, como literatura, conferências, cursos teológicos e recursos digitais.

Por meio do ministério Apoie um Pastor (MAP), a Fiel auxilia na capacitação de pastores e líderes com recursos, treinamento e acompanhamento que possibilitam o aprofundamento teológico e o desenvolvimento ministerial prático.

Acesse e encontre em nosso site nossas ações ministeriais, centenas de recursos gratuitos como vídeos de pregações e conferências, e-books, audiolivros e artigos.

Visite nosso site
www.ministeriofiel.com.br

Esta obra foi composta em AJenson Pro Regular 12.5, e impressa
na Promove Artes Gráficas sobre o papel Pólen Natural 70g/m²,
para Editora Fiel, em junho de 2024.